治國之道
必先富民

治國之道
必先富民

治國之道
必先富民

隻 从又持隹

父癸爵

師隻卣

治國之道
必先富民

治國之道
必先富民

治國之道
必先富民

隻 从又持隹

父癸爵

師隻卣

사람: 하나를 심어 백을 얻어야

治國之道
必先富民

治國之道
必先富民

治國之道
必先富民

隻 从又持隹

父癸爵

師隻卣

사람: 하나를 심어 백을 얻어야

교육과 배려의 시선으로 읽는 『관자』

신창호 지음

서현사

머리말

『관자』에 이런 말이 있습니다. "일 년 계획 중에 곡식을 심는 일보다 중요한 것은 없고, 십 년 계획 중에 나무를 심는 일보다 중요한 것은 없으며, 일생의 계획 중에 사람을 교육하는 일보다 중요한 것은 없다!" 이런 표현에 대한 책무성을 염두에 두기라도 하듯, 관중은 "죽을 각오로 가르침을 실천하라" 고 강조합니다. 그것은 다름 아닌 '공동체' 의 안정과 번영을 위한 조치들이었습니다. 달리 말하면, 사람 교육에 대한 열정이자, 지도성을 갖춘 리더가 세상을 어떻게 읽어야 하며, 자신과 타자에 대한 배려가 무엇인지를 지시하는, 일종의 정치적 · 교육적 메시지입니다.

『관자』는 일반인들에게 대단히 낯선 문헌일 수도 있습니다. 동양사상 가운데 『논어』나 『맹자』, 『노자』나 『장자』 등 유가나 도가류의 저작은 번역본도 여러 종류가 있고, 상대적으로 많이 회자되어 웬만한 사람도 알고 있습니다. 그런데 『관자』는 그렇지 않습니다. 동양철학을 공부하는 소수의 학인들을 제외하고, 구체적으로 아는 이가 흔하지 않은 것 같습니다. 물론 많은 사람들이 알고 있는 '관포지교管鮑之交' 이야기를 제시하고, '관포' 에서의 '관' , 즉 '관중管仲' 이 '관자管子' 를 지칭한다고 일러주면, 그제서야 고개를 끄덕이기 십상입니다. 그러나 『관자』라는 엄청난 문헌에 대하여 제대로 아는 사람은 퍽 드뭅니다. 많은 학자들이 『관자』의 중요성을 지적하고 있으나, 현재까지 우리나라에서는 연구 성과가 미미한 실정입니다. 그것은 『관자』라는 문헌의 신빙성 문제, 텍스트 자체가 논란이 되기 때문이기도 합니다.

『관자』는, 비록 후대에 성립한 부분이 있다고 할지라도, 중국 고대 춘추전국시대의 제자백가 사상의 물꼬를 튼, 중국고대사상사를 종합한 문헌으로 알려져 있습니다. 그러다보니 순수하게 관중이 집필한 저서가 아니라는 의견이 지배적입니다. 관중의 생각이 담겨 있는 부분도 있지만, 관중을 추종하는 사람들, 관중 사상의 가치를 인정한 사람들에 의해, 현실적으로 유용한

다양한 생각들이 증식되었습니다. 그러므로 그 규모와 체재, 내용이 매우 복잡다단합니다.

2006년 12월, 우리나라 최초의 『관자』 완역본이 선을 보였습니다(김필수 · 고대혁 · 장승구 · 신창호 공역; 소나무출판사). 저는 역자 중의 한 사람이었습니다. 고백컨대, 『관자』 라는 책 자체의 논란, 내용의 어려움으로 말미암아 번역 과정에서 난항을 겪었습니다. 초역 과정에서는 엄청난 양의 주석이 있었지만, 지면의 한계와 가독성可讀性 등 여러 측면을 고려하여 상당량의 주석을 생략하거나 본문 속에 편입시키기도 했습니다. 그래도 다른 세 분의 역자와 출판사의 정성어린 작업 덕분에, 부족한 부분이 없지 않지만, 세상에 빛을 보게 되어 고마울 따름입니다. 당시, 우리나라에서는 처음으로 출판되었기에 언론을 비롯하여 많은 사람들의 관심과 주목을 받았습니다.

저는 몇 년에 걸쳐 『관자』를 번역하면서, 문헌의 규모에 놀랐습니다. 저의 느낌을 한마디로 말씀드리면, 관자는 중국 고대 사상의 진수가 담겨 있는 하나의 보물 상자였습니다. 내용으로 볼 때, 현실적으로 유용한 부분도 많았고, 함축된 사고를 파헤친다면 다방면에 응용할 수 있는 생각의 싹이 곳곳에서 감지되었습니다. 그것은 『관자』라는 문헌에 우리가 알고 있는 유가, 도가, 법가 등 제자백가의 사상이 비체계적으로 마구 담겨 있기 때문입니다. 즉 중국 고대 사회를 지속하는 현실 운영의 방법과 사고를 복합적으로 얽어 놓았기에, 삶의 영속을 위한 생각을 뽑아내는 데 아주 비옥한 사상의 근원을 보여줍니다. 그런데 종합적이고 방대한 만큼 그 체제가 완벽하지 않아 못내 아쉬웠습니다.

이런 저런 생각이 뇌리를 맴돌다가 어느 시점에선가, 문헌의 내용이 제 가슴에 와 닿는 만큼 많은 사람들이 읽고 응용하여 자신과 공동체를 아름답게 가꾸어가는 디딤돌이 된다면 좋겠다고, 소망하기에 이르렀습니다. 그에 부응하려면 문헌의 규모와 체계를 다시 다듬을 필요가 있다고 느꼈습니다. 이 책은 그런 의식 속에서 진행되었습니다. 앞에서 언급한 완역본이 나오기 이전부터 지속적으로 작업을 해왔으나, 게으른 탓에 이제야 정리되었습니다.

이 책은 방대한 『관자』를 좀더 쉽게 읽기 위한, 하나의 방편입니다. 세세한 『관자』의 사유를 접하려는 독자들은 앞에서 언급한 완역본을 읽으면 효과적일 것입니다. 대신 『관자』의 대략적인 사고를 맛보고, 그것을 현실적으로 응용하려는 독자에게는 이 책이 하나의 지침서가 될 수 있을 것입니다. 그래서 이 책은 개인의 삶의 문제는 물론 공동체 조직의 부강과 리더십, 타자와의 관계, 배려, 삶의 질 향상에 관심 있는 사람이라면 누구나 접근할 수 있게 가능한 한 현대적 관점에서 풀었습니다.

『관자』에 나오는 여러 편의 내용은 관자가 살았던 왕정王政과 군주君主의 시대, 농경사회의 모습이 구체적으로 담겨 있습니다. 그러나 현대 사회는 이와는 상당히 다른, 민주民主 정치 체제와 자본資本이 세상을 지배하는, 색다른 의식 속에서 진행되고 있습니다. 위험하고 난해한 작업일 수 있지만, 저는 『관자』를 현대적 의미로 복구하기 위해 과거의 모습을 가능한 한 생략하고 이면으로 접어 넣었습니다. 대신, 민주주의, 법치주의, 자본주의 등 현대 사회의 관점에서 의역하고 용어를 대폭 수정하였습니다. 특히, 최고지도자인 왕이나 군주에 의해 교화敎化의 차원에서 진행되던 다양한 정치적 행위를 교육적 시선에서 재해석해 보았습니다.

상황에 따라 '임금' 이나 '군주' 는 '최고지도자' '지도자' '리더leader' '교육자' '경영자' 등 공동체 조직의 수장으로 이해했습니다. '신하' 는 '참모' 나 '중간관리자' '부서장' '팀장'

등으로 바꾸었고, '백성百姓' 은 '국민' 이나 '조직구성원' '학습자' 등으로 기술했습니다. 또 중국 고대 국가의 정치 형태를, 국가 수준의 정치가 아니라, 자치단체나 기업, 학교 등 사회의 여러 공동체 조직에서 행해지는 삶의 성격으로 바꿔 보았습니다.

그리하여 정치, 법, 철학, 교육, 경영 등 삶의 원리와 양식에 관한 주요 주제들을 뽑아서 나열했습니다. 내용상으로는 리더십의 원리와 원칙을 주로 다루었습니다. 『관자』에는 경제정책을 다룬 부분이 있습니다. 물가조절정책, 재화운영원리 등 현대적 측면에서 보아도 주요한 내용이 많이 담겨져 있습니다만, 여기에서는 생략했습니다. 그러다보니 기존의 『관자』 편명의 순서는 해체되고 현대식 제목이 보태졌습니다. 40여개의 현대식 제목 아래, 『관자』 원문을 제시하여 핵심 내용을 알 수 있게 제시했습니다. 그리고 풀어쓰기와 내용 해설을 하면서 편명은 다시 밝혀 두었습니다. 이렇게 새로 쓰면서 책 제목도 『사람: 하나를 심어 백을 얻어야』—교육과 배려의 시선으로 읽는 『관자』로 붙여 보았습니다.

이 책에서는 현재 남아있는 『관자』 75편 중 37편의 내용을 재해석하였습니다. 「치국治國」「입정구패해 立政九敗解」「대광大匡」「소광小匡」「목민 牧民」「국준國准」「유관幼官」「사시四時」「금장禁

藏」「입국入國」「구수九守」「환공문桓公問」「사칭四稱」「입정立政」「팔관八觀」「형세形勢」「권수權修」「승마乘馬」「문問」「군신君臣」「칠신칠주七臣七主」「중령重令」「판법版法」「법법法法」「임법任法」「명법明法」「법금法禁」「주합宙合」「소칭小稱」「심술心術」「백심白心」「수지 水地」「내업內業」「치미侈靡」「제자직弟子職」「소문小問」등이 그것입니다.

내용의 구성은 먼저 『관자』 원문을 제시하여 기본 내용을 드러내고, 다음으로 각 편의 주제를 간략하게 해설한 후, 다시 '『관자』의 기록' 을 현대식으로 풀어썼습니다. 그리고 '『관자』의 명언' 을 간략하게 만들어 마무리하였습니다.

이 책을 통해 개인의 리더십 함양은 물론 좀더 많은 정치지도자, 교육지도자, 공공기관장, 기업경영인, 각종 조직의 부서장 등 이 사회의 번영에 기여하는 분들의 리더십 발휘에 조금이나마 참고가 되기를 소망합니다. 나아가 올바르고 성공적인 삶을 고민하는 많은 분들이 지혜의 보고로 삼을 수 있기를 기대합니다.

2009. 7.

안암동 연구실에서 신창호

차 례

1. '잘 삶'에 대한 열망

나라를 다스리는 길은 백성을 잘 살게 하는 데 있다.

백성이 잘 살면 다스리기 쉽지만

백성이 가난하면 다스리기 어렵다.

治國之道(치국지도)　必先富民(필선부민)

民富則易治也(민부즉이치야)

民貧則難治也(민빈즉난치야)

—「治國(치국)」

『관자』는 중국 고대 사상의 보고이다. 사유의 광대함을 보여 주고 끝나는 것이 아니라 삶의 행위와 실천의 지침을 구체적으로 제공한다. 나를 한학漢學의 세계로 인도해 주고 공부하는 자세를 일러주신 권우 홍찬유(卷宇 洪贊裕, 1915~2005) 선생은 사석에서 『관자』에 대해 다음과 같이 평가하였다.

"중국은 겉으로는 공자의 사유를 핵심으로 하는 유가를 내세우는 듯하지만, 실제로는 관자에 담긴 다양한 철학을 바탕으로 국가를 운영하며 사회를 지속해 왔다."

이런 언급은 관자가 중국인의 통치철학이며 정치, 경제, 교육, 국방, 철학 등 사회 문화의 실제적 측면을 생생하게 제시하고 있기에, 충분히 수긍할 만하다. 또한 고려대학 학부 시절 나를 동양철학의 세계로 인도해 주신 중천 김충렬(中天 金忠烈, 1931~2008) 선생은 「관중의 정경政經사상과 철학사적 위상」이라는 논문에서, 관중의 사상을 다음과 같이 평가 하였다.

관중은 앉아서 생각하는 철인이 아니라 일어서서 실천하고 역사役事하는 철인哲人이었다. 그는 시대의 문제를 해결하는 것을 철학사상의 과제로 삼았기 때문에 철학 범위에 있어서 한계를 가지고 있었다. 그러나 현실의 문제를 푸는 데 필요하고 유용한 것이라면 어떠한 이론과 이상도 폭넓게 포용한 데에 관중 철학 사상의 다양성과 개방성이 있다. 그 결과 스스로 한계를 지닌 철학자 치고는 오히려 편협하지 않은 깊은 사색思索과 전망展望이 돋보인다. ……그는 시時와 세勢의 파악에 있어서 주왕실이 천하의 통제력을 상실함으로써 열강제후들이 기존의 질서에서 이탈하는 전반적인 시대 상황에 따라 야기되는 시부시군弑父弑君과 같은 인륜질서 · 정치질서의 붕괴를 우려했다. 이러한 화하족華夏族 내부의 혼란은 급기야 이족異族의 침범을 자초하여 중원中原에 구축되었던 인문문화人文文化와 민족역사가 유린되는 것을 예견하였다. 이러한 시급한 현실의 일을 자임했기 때문에, 그는 수선 주문화와 정치체제를 존중하고 삼대三代에 걸쳐 어렵게 구축된 전통문화, 공명혜共命慧, 많은 시행착오를 거쳐 터득한 교훈 등을 종합적으로 원용해서 문제해결 방법의 근본으로 삼았다. 이 점은 동주東周 이후 한때 사상의 공백기에 빠졌던 이른 바 '변풍變風' 시대의 위기를 극복하는 데 큰 효과를 거둔 것으로 보인다. 사실 위기 중에 가장 큰 것은 '사상의 붕괴〔心死〕' 이므로 사상의 공허, 자신을 잃은 자포자기, 자기 문화에 대한 불신보다 큰 위기는 없다. 때문에 관중이 제일 먼저 강구한 것은 문화에 대한 신심信心 회복, 전통의 계승 발전에 대한 의무감의 자각이었던 것이다(김충렬, 1990: 291~292).

나는 『관자』를 번역하면서 선생의 그러한 말씀을 어렴풋하게나마 깨달을 수 있었다. 정말 그는 현실적인 사상가였고, 실용적 철학자였다. 이런 사고와 어느 정도 연관이 있는지는 모르겠으나, 조선 후기의 다산 정약용과 같은 실용적 마인드를 지닌 학자는 관중을 매우 높이 평가하고 『관자』를 많이 참고하였다. 다산의 저서 가운데 유명한 『목민심서牧民心書』의 "목민"은 사실 『관자』의 첫 번째 편명에 그 유래가 있다(김필수 외, 2006: 9).

흔히, '춘추' 시대라고 널리 알려진 중국 고대의 난세에, 제나라를 가장 강력한 국가로 만들고 국민들에게 편안한 삶을 제공하는 데 기여한 관중! 부국강병과 관련한 그의 진지한 성찰과 각종 방책은 정말 탁월한 혜안이었다. 그것은 관중의 발언에서 일관적으로 드러난다.

나라를 다스리는 길은 국민을 잘 살게 하는 데 있다!

그의 삶은 이런 신념에서 한 발짝도 물러서지 않는다. 그것은 인간의 건강한 삶에 대한 간절함, 타자에 대한 배려와 애착, 인문주의와 전통문화에 대한 갈망이있었기 때문이다. 사람이 편안하게 잘 살 수 있는 길은 무엇인가? 어떤 문화가 삶의 정당성을 보장하는가? 관중의 고민과 전략, 프로젝트의 실체는, 쉽게 말하면 잘 먹고 잘 사는 인간 세계의 모색 과정이자 방향 제시이다.

21세기 초두, 우리 앞에 던져진 화두는 '변화의 바람', 변풍變

風 그 자체이다. 지금까지 경험하지 못했던 급격한 변화의 바람이 광풍狂風처럼 휘감는다. 첨단우주과학기술문명, 컴퓨터, 인터넷, 국제화, 지식, 전쟁, 환경, 종교, 건강, 복지, 인권, 경쟁, 취업, 생존 등 이루 헤아릴 수 없는 삶의 문제들이 종횡으로 거대한 텍스트Text를 이루고 있다. 어떤 대책을 고민할 것인가?

이것이 우리 앞에 놓인 교육의 문제다. 개인의 성숙, 국가 경쟁력 향상, 이미지 제고, 지식 혁명, 학습의 시대 등등, 이 거대한 시공時空의 진화 속에서, 어떻게 교학敎學의 아이덴티티 Identity를 구축할 것인가?

관자의 명언

치국지도 필선부민
治國之道 必先富民

나라를 다스리는 길, 그 핵심은 국민을 잘 살게 만드는 작업이다.

2. 먹을거리와 부자 나라

먹을거리가 생기지 않는 나라는 망하게 되어 있다.

먹을거리가 생기지만 소비에만 몰두하면 패업을 이루고

먹을거리가 생기면서도 여유가 있는 곳은 왕업을 이룬다.

불생속지국 망
不生粟之國 亡

속생이사자 패
粟生而死者 霸

속생이불사자 왕
粟生而不死者 王

치국
—「治國」

잘 사는 나라를 한마디로 '선진국先進國' 이라 한다. 우리의 관념 속에 선진국은 대개의 경우, 경제와 문화가 발달했으며 자본이 많고 탄탄한 나라이다. 이런 나라는 정치 · 경제 · 교육 · 문화 등 다방면에서 삶의 시스템이 잘 구축되어 있다. 이른 바 오이씨디(OECD)에 해당하는 국가들을 예로 들 수 있다.

인간이 처한 전반적 상황이 부유하다고 할 때, 그것은 '잘삶'에 가깝다. 관중은 근본적으로 인간이 잘 사는 문제에 대해 고민했다. 잘삶의 문제는 국가의 부강에서 나오고, 그것은 올바른 정치에서 구현된다. 부富! '풍성하고, 넉넉하고, 성하고, 세차다' 는 의미의 부Wealth는 동서고금을 막론하고 모든 인류의 절실한 소망이다.

어린 시절, 관중은 매우 가난했던 것 같다. 그것과 어떤 연관이 있는지 모르지만, 그는 누구보다도 잘 살아보려는 열망에 차 있었다. 그것은 『관자』 제48편 「치국治國」에 국가 경영과 관리 운영에 관한 구체적 전략으로 표출된다. 관자는 나라를 다스리는 핵심을 국민의 잘삶에 두었다. 그 기본 바탕은 국민들 누구나 자신의 처지에 맞는 일을 확보하고, 생산물을 창출하는 것! 오늘날로 말하면 취업(사업)을 통해 자신의 재능을 발휘하고 인간 사회에 필요한 문명을 창조하는 작업이다.

관자의 기록

나라를 다스리는 길은 어디에 있는가? 가장 중요한 것은 국민을 잘 살게 하는 데 있다. 국민이 잘 살게 되면 다스리기 쉽지만 국민이 못 살게 되면 다스리기 어렵다. 어떻게 그것을 알 수 있는가? 국민이 잘 살게 되면 자기가 살고 있는 지역을 편안하게 생각하고 집안을 중시한다. 자기 지역을 살기 좋은 곳으로 여기고 집안을 중시하면 윗사람을 공경하게 되고 혹 다른 사람들에게 죄를 짓지나 않을까 두려워한다. 윗사람을 공경하고 죄를 짓게 될까 두려워하는 심성을 지닌 사람은 다스리기 쉽다.

국민이 가난하면 자기가 살고 있는 지역을 불편하게 여기고 집안을 경시한다. 지역 사회를 살기 불편한 곳으로 여기고 집안을 경시하면 윗사람을 능멸하고 정해진 법도 무시할 수 있다. 윗사람을 능멸하고 정해진 법을 무시하는 심성을 지닌 사람을 어찌 제대로 다스릴 수 있겠는가!

그러므로 잘 다스려지는 나라는 언제나 부유하지만 질서가 잡히지 않은 혼란스런 나라는 가난하기 마련이다. 이렇게 볼 때, 공동체 조직을 잘 다스리는 사람은 반드시 구성원을 부유하게 한다.

시대마다 상황에 따라 지도자가 제시하는 제도나 명령은 같지 않았다. 그럼에도 불구하고 그들이 국가나 기업, 공동체 조직의 리더가 되었던 것은 무엇 때문인가? 모두 그들이 경영하던 공동체 조직이 부유한 까닭이다. 공동체 조직이 부유한 것은 공동체가 주력하는 근본적인 핵심 사업에서 비롯된다. 지도자들은 바로 이 핵심 사업을 구체적으로 틀어쥐고 있었다. 국가나 기업, 다양한 공동체 조직을 경영하는 데 시급한 것은 핵심 사업을 제쳐두고 주변 사업에 손대는 일을 금하는 일이다. 주변 사업에 기웃거리는 행태를 금하면 구성원들이 빈둥대며 놀고먹는 일이 없게 된다. 구성원들이 놀고먹는 일이 없게 되면 조직은 반드시 핵심 사업에 힘을 쏟는다.

먹을거리(생산물; 곡식이나 상품)가 창출되지 않는 나라는 망하게 되어 있다. 먹을거리가 창출되지만 소비가 심한 곳은 힘의 논리가 지배한다. 생산물이 창출되면서도 여유가 있는 곳은 선진국이 될 수 있다.

먹을거리는 사람들을 모을 수 있는 하나의 힘이다. 그것은 바로 재물이다. 먹을거리가 많으면 세상의 모든 것이 모여든다. 공동체 조직에서 근본적이고 핵심적인 사업이 우선시되면 먹을거리가 많아지며 먹을거리가 많아지면 공동체 조직이 부유하게 된다. 공동체 조직이 부유해지면 그 지역 사회가 부유해지고 내 집안도 풍족해진다. 지역 사회가 살기 좋아지고 가정이 풍족해지면, 조직구성원들을 다른 곳으로 옮겨가게 하더라도 그들은 이를 원망하지 않을 것이다. 왜냐하면 먹을거리를 중시하고 잘 살게 해 주었기 때문이다.

정부건 기업이건, 조직 공동체가 근본적이고 핵심적인 사업을 중시하지 않으면 먹을거리가 부족하게 된다. 먹을거리가 부족하면 국민이나 조직구성원은 가난하게 된다. 사람이 가난해지면 가정을 소홀히 여기고 쉽게 마음을 붙이지 못한다. 가정조차 경시하는데 공동체가 온전하겠는가? 공동체의 구성원이 쉽게 떠나는 조직은 미래가 뻔히 보인다. 질서 잡히지 않은 조직에서 법령이 제대로 시행될 리가 없고, 법령이 정상적으로 작동하지 않으면 국가 간, 기업 간, 다른 조직체와의 경쟁에서 승리하지 못한다. 다른 나라에서 밀려들어오는 다양한 문명의 세계를 어떻게 대처할 것인가?

조직의 먹을거리 창출은 지도자가 고민해야 하는 근본적 임무다. 조직구성원을 관리하는 방법인 동시에 공동체를 다스리는 핵심이다.

잘 사는 공동체 건설의 원리

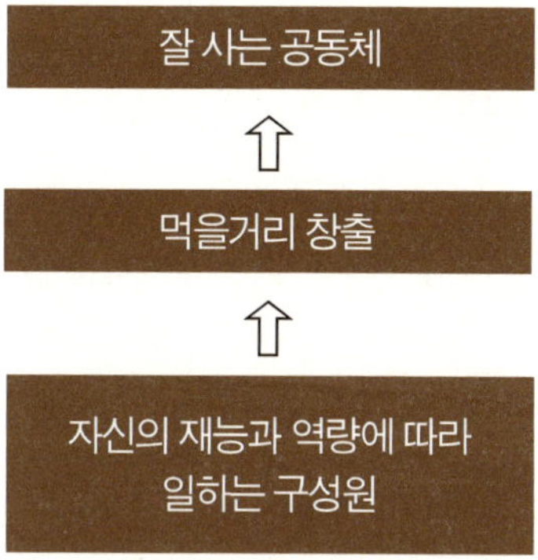

관자의 명언

不生粟之國(불생속지국) 亡(망) 粟生而不死者(속생이불사자) 王(왕)

먹을거리를 만들어 내지 않는 나라는 망하게 마련이다.

먹을거리를 만들어 내면서 낭비하지 않는 나라는 잘 살 수 있다.

3. 실패하는 지도자

최고지도자가

듣고 보고 즐기고 좋아하는 것에만 집착하면

정치는 실패한다.

人君(인군) 唯毋聽觀樂玩好則敗(유무청관락완호즉패)

_「立政九敗解(입정구패해)」

'실패는 성공의 어머니' 라는 유명한 속담이 있다. 아무리 성공했다고 하는 인간도, 다양한 형태의 실패를 경험한다. 어쩌면 실패의 경험이 성공의 밑거름이도 하다. 때문에 다시 강조할 수 있다. '실패는 성공의 어머니!' 이 속담은 실패를 경험했던 인간에게 최고의 위안인 동시에 경고다. 붉은 신호등과 푸른 신호등 사이를 왔다 갔다 하는 극과 극의 변주에서 자신을 점검하라는 메시지다. 그런 차원에서 관중은 심각하게 실패한 지도자가 되지 않기 위한 예방책을 제시한다.

『관자』 제65편 「입정구패해立政九敗解」에서 지도자들의 실패 원인을 세밀하게 분석하여 경계하고 있다. 실패를 최소화하기 위해 실패의 원리를 성찰할 수 있는 지도자라면, 그는 이미 성공할 수 있는 리더십을 갖추었으리라.

관자의 기록

실패 1: 국방, 조직의 안보를 소홀히 한다?

국가의 지도층 인사가 국방 예산을 폐지하자고 주장한다면, 여러 참모들이 국가 방위나 전쟁의 문제를 감히 거론할 수가 없다. 그렇게 되면 대내적으로는 나라가 안정적인지 혼란스러운지 그 상황을 제대로 파악하지 못하고, 대외적으로는 다른 나라가 강한지 약한지 똑바로 알지 못한다. 이런 지경이라면 국경이 무너지더라도 방어할 수 없고, 무기가 낡아도 최신식으로 교체할 수 없어, 나라를 지키고 방어하는 준비 측면에서 흐트러질 수밖에 없다. 또한 국경 지방에 대한 사정에 어두워지고 병사들도 자신의 임무를 귀찮게 여기며 게으름을 피우게 되어 국민들을 위해 적을 막으려는 마음이 없어지게 된다. 그러므로 예부터 "국방 예산을 폐지하자는 주장이 우세하면 국민들이 험난한 곳을 지키려 하지 않는다"고 하였다.

실패 2: 모든 사람을 사랑한다?

세상에는 수많은 사람이 있다. 그런데 지도자가 내국인이건 외국인이건, 지역 주민이건 외지인이건, 자기 회사의 부하 직원이건 다른 회사의 업무 파트너이건 아무런 구분이나 기준 없이 모두를 사랑한다면 어떻게 되겠는가? 외국인이나 외지인을 내국인과 지역 주민과 똑같이 여기며, 다른 나라나 다른 지역, 다른 회사 보기를 자기 나라나 자기 지역, 자기 회사 보듯이 할 것이다.

이렇게 한다면 다른 나라나 다른 지역, 다른 회사와 경쟁하여 부를 창출할 마음이 없어지고, 훌륭한 자기 국민이나 자신의 지역 주민, 자기 회사의 부하 직원들이 다른 곳으로 나가려 할 것이다. 내가 다른 나라나 지역, 타 업체와 경쟁하지 않을 수는 있다. 하지만 다른 나라나 다른 지역, 다른 회사가 우리와 경쟁하려고 덤벼드는 것까지 막을 수는 없다.

다른 나라나 다른 지역, 다른 업체에서 우리에게 개방과 경쟁을 요구하면 어쩔 것인가? 다른 나라는 준비된 인재를 통해 경쟁을 하려는데, 주먹구구로 모여서 대응한다면 경쟁력이 없게 마련이다. 그러므로 예부터 "내국인과 외국인, 지역 주민과 외지인, 우리 회사와 다른 업체를 구분하지 않고 모두를 사랑하자는 주장이 우세하면 국민과 지역 주민, 부하 직원들이 힘을 기르고 경쟁력을 갖추지 않는다"고 하였다.

실패 3: 보신주의, 웬 사치와 방종?

지도자가 보신주의에 빠져 개인적 몸보신에 신경 쓰고 마구 즐기기를 좋아한다면 여러 중간 관리자나 참모들도 모두 보신주의에 빠지고 사치와 방종을 일삼을 것이다. 보신주의를 옹호하고 즐긴다는 것은 무엇을 뜻하는가? 맛좋은 음식과 듣기 좋은 음악, 그리고 아름다운 여색女色에 빠지는 일이다. 이렇게 한다면 방종하고 망령되이 행동하고 남녀의 구별이 없어져 인간은 짐승과 같은 수준으로 떨어진다. 이른바 예의염치禮義廉恥가 서지 않아 지도자는 스스로를 지킬 수 없게 된다. 그러므로 예부터 "보신주의와 한 몸을 즐기려는 주장이 우세하면 지도자의 통치력이 먹혀들지 않는다"고 하였다.

실패 4: 지나치게 개인적 의견을 내세운다?

지도자가 개인적인 의견만을 귀하게 여긴다면 조직구성원들은 자신의 의견을 제대로 제시하지 못하고 숨어서 세상이나 조직의 일을 비난한다. 지도자에게서 멀어지고 조직에 마음을 두지 않으며, 봉급만을 챙기고, 맡은 일을 시시하게 생각한다. 그렇게 되면 조직의 명령이 행해지지 않고 조직 자체에서 무엇 무엇을 하지 말라는 금지 법령이 그치지 않게 된다. 그러므로 예부터 "개인적인 의견을 지나치게 주장하면 명령이 시행되지 않는다" 고 하였다.

실패 5: 부당한 거래를 한다?

지도자가 황금과 재물, 돈을 밝히면 반드시 그가 좋아하는 것을 얻으려 하고, 그것은 거래로 이어진다. 거래를 한다는 것은 무엇인가? 높은 관직과 지위를 이용하여, 낮은 지위의 사람을 승진시키고 봉급을 마음대로 책정하며 취직을 시켜주는 따위와 같은 것이다. 이와 같은 일이 반복되면, 어리석은 자가 윗자리에 있게 된다. 그렇게 될 때, 능력 있고 성실한 사람은 지도자를 위해 마음을 다하지 않는다. 지혜로운 사람은 적절한 방법을 제시하지 않는다. 신의가 있는 사람은 약속을 하지 않는다. 용기 있는 사람은 조직을 위해 죽으려고 하지 않는다. 이렇게 한다면 조직을 내쳐서 버리는 결과를 가져 온다. 그러므로 예로부터

"황금과 재물, 돈을 밝히면 관직과 지위가 자격 없는 미천한 사람에게까지 영향을 미친다" 고 하였다.

실패 6: 패거리를 만들어 어울린다?

지도자는 여러 무리들과 두루 어울려야 한다. 그런데 참모나 중간 관리자들이 자기네 패거리를 만들면 다른 사람들이 제시한 좋은 정책이나 발전 방안은 묻혀버릴 수 있다. 반면 자기들끼리 만든 방안은 무조건 좋은 것으로 인식하고 조직 발전에 이롭지 않음에도 불구하고 일을 추진하여 성사시키려고 한다. 그렇게 되면 공동체 조직의 사정이 어떠한지, 그 진위가 지도자에게 제대로 전달되지 않는다.

패거리를 지어 세를 부풀린 자들은 지도자를 좌지우지하고, 힘이 적은 자들은 뒤로 물러나게 된다. 패거리를 짓는 자들이 지도자보다 앞에 자리하여 좌지우지하게 되면, 지혜롭고 성실한 사람과 어리석고 나태한 자의 구분이 없게 되고, 싸우고 빼앗는 혼란이 일어나게 되어 지도자는 위태로운 지경에 빠진다. 그러므로 예부터 "결탁한 무리가 친하게 달라붙어 어떤 상황을 좌지우지하게 되면 어진 사람과 못난 사람이 구분되지 않는다" 고 하였다.

실패 7: 지나친 음주가무를 즐긴다?

지도자가 듣고 보고 즐기고 좋아하는 것에 집착하면 정치는 실패한다. 보고 즐긴다는 것은 호화로운 저택과 정원, 연못, 그리고 구슬과 옥, 노래와 춤에 빠진 생활이다. 이는 모두 조직의 예산을 탕진하고 낭비하여 나라나 지방자치단체, 회사를 망치는 일이다. 이런 것으로 지도자를 섬기는 자들은 모두 간사한 녀석들이다. 지도자가 이를 따른다면 어찌 조직이 망하지 않겠는가?

조직의 곳간은 텅 비고 쌓아놓은 재산을 탕진하는데다가, 간사한 놈들까지 윗자리에 있으니, 어진 사람은 그런 상황에 막혀 자신의 능력과 재능을 발휘할 수 있는 자리에 나아갈 수 없게 된다. 그렇게 되면 조직은 환란에 빠지고, 두드리며 노는 광대나 꼭두각시 같은 배우들이 출세하여 조직의 일을 의논하게 된다. 이것은 조직을 내쳐서 버리는 짓이다. 그러므로 예부터 "사행성 관광이나 오락, 놀이기구에 대한 것을 강력하게 주장하면 간악한 관리가 지도자의 자리에 있게 된다"고 하였다.

실패 8: 인사 청탁과 뇌물을 받는다?

지도자가 인사 청탁을 들어주면 여러 중간 관리자나 참모들이 앞다투어 서로 청탁하게 된다. 그렇게 되면 청탁은 중앙 정부나 회사 조직의 본부 차원에서 으레 그러려니 하고, 지방의 각종 단체나 회사의 여러 부서, 팀은 이에 대비하여 패거리를 이룬다. 이럴 경우 나라나 조직 전체가 뇌물을 주고받는 뇌물공화국, 뇌물 공동체가 되고, 공공 기관이나 회사 조직의 법도와 제도가 정상적으로 시행되기 어렵다.

여러 중간 관리자들이나 참모들이 개인적으로 교제하는 데 힘쓰고, 나라나 공동체를 위해 힘을 쏟아내지 않는다. 그렇게 되었을 때 뇌물을 많이 받아먹는 정도에 따라, 높은 지위가 없어도 귀하게 되고 봉급이 적어도 부유하게 된다. 그러므로 예부터 "청탁에 따라 책임지고 추천하는 주장이 우월하면 인재 등용의 기준이 바르게 되지 않는다" 고 하였다.

실패 9: 아첨을 묵인한다?

지도자가 아첨과 허물을 덮으려는 말을 받아들인다면 정치는 실패한다. 어떻게 그렇다는 것을 알 수 있는가? 아첨하는 참모는 항상 지도자에게 그 허물을 뉘우치게 하지 않으며, 실수를 고치게 하지 않는다. 그러므로 지도자는 미혹되어 스스로 알지 못한다. 이렇게 되면 직언하는 참모는 축출당하고, 아첨하는 참모는 오히려 중용된다. 그러므로 예부터 "아첨과 과실을 꾸미는 주장이 우세하면 교만하고 게을러도 말 잘하는 놈이 등용된다" 고 하였다.

실패하는 지도자의 생리 아홉 가지

1. 조직 방어책에 관한 계획이 없다.
2. 피아 구분 없이 모두를 사랑한다.
3. 보신주의로 무장한다.
4. 개인적 의견이 지나치다.
5. 부당한 거래를 즐긴다.
6. 패거리 문화에 젖어 있다.
7. 지나친 음주가무에 빠져있다.
8. 청탁과 뇌물에 익숙하다.
9. 아첨과 직언을 구분하지 못한다.

관자의 명언

청 관 락 즉 패
聽觀樂則敗

자기가 좋아하는 것을 듣고 보고 즐기기만 하면 실패한다.

4. 운명의 갈림길

참모가 지도자에게 힘을 다하지 않는다면
지도자는 그를 진정으로 믿어주지 않는다.
진정으로 믿어주지 않으면 말을 들어주지 않으며
말을 들어주지 않는다면 그 조직은 안정될 수 없다.
지도자를 섬기는 데 두 마음을 품을 수는 없다.

爲人臣者(위인신자) 不盡力於君(부진력어군) 則不親信(즉불친신)
不親信(불친신) 則言不聽(즉언불청)
言不聽(언불청) 則社稷不定(즉사직부정)
事君者(사군자) 無二心(무이심)
—「大匡(대광)」

인간의 운명은 정말 알다가도 모를 일이다. 죽음에 처했다가도 극적으로 살아나고, 아주 오래 살 것 같은 사람이 갑자기 죽음을 맞이하기도 한다. 특히 전쟁과 같은 혼란의 시기, 무한 경쟁의 시대에 인간의 운명은 바람 앞의 등불처럼 바람의 세기에 내맡겨질 수밖에 없다. 역사에 기록된 관중의 삶은 정말 드라마틱하다. 혼란에 휩싸인 제나라에서 관중과 포숙, 그리고 제나라의 최고지도자 환공 그들은 자기 나라의 부강을 위해 운명적 만남을 전개한다.

그 정치적 드라마는 『관자』 제18편 「대광大匡」에서 제20편 「소광小匡」에 걸쳐 자세하게 그려졌다. 먼저 제18편 「대광」에 나오는 그들의 운명적 상황을 보면서, 인생의 희로애락을 성찰해 보자. 당시 제나라에서 나름대로 정치적 위상을 지니고 있던 관중과 포숙, 그리고 소홀은 어떻게 난세를 풀어갔는가?

그것은 마치 글로벌의 광풍 앞에 집단 히스테리로 삶을 꾸려가는 한국의 지도자, 많은 중간 관리자에게 좋은 시사점이 될 수 있다. 어떻게 지도자를 모실 것인가? 인간을 배려할 것인가? 정말 공동체의 안정을 위해, 경쟁에서 승리하기 위해, 나는 어떻게 처신해야 하는가?

관자의 기록

제齊나라의 지도자였던 희공僖公은 제아諸兒와 규糾, 소백小白 등 세 아들을 두었다. 희공은 포숙鮑叔에게 소백을 돕도록 하였으나 포숙은 몸이 아프다는 핑계를 대고 이를 사양하였다. 그러자 관중管仲은 당시 제나라의 관료였던 소홀召忽과 함께 포숙을 찾아가서 말하였다.

관중: 어째서 소백을 도우려 나가지 않는가?

포숙: 옛사람이 말하기를 "자식을 아는 것은 어버이만한 이가 없고, 참모를 아는 것은 지도자만한 이가 없다"고 했네. 지금 지도자께서는 내가 현명하지 못하다는 것을 알고 있다네. 그런데도 나에게 소백을 보좌하라고 하시네. 내 어찌 소백을 보좌할 수 있겠는가? 현명하지 못하니 포기하는 것이 옳은 일일세

소홀: 자네는 끝까지 고사하고 나가지 말아야 하네.

포숙: 자네가 그렇게 생각해주니 고맙네.

관중: 안 된다네. 나라를 이끌어 가는 사람은 직무를 사양해서도 안 되고 쉬려고 해서도 안 된다네. 장차 이 나라의 지도자가 될 사람이 누구인지는 알 수 없다네. 자네는 소백을 보좌해야 하네!

소홀: 나아가지 말게. 제나라에서 우리 세 사람은 솥의 세 다리와 같은데, 하나만 없어도 설 수가 없다네. 내가 보기에 소백

이 지도자가 되지는 못할 것이네.

관중: 그렇지 않다네. 국민들은 규의 어머니를 미워하고 이것이 규에게까지 미쳤지만, 소백은 어머니가 없기 때문에 오히려 가엽게 여긴다네. 제아는 맏아들이기는 하나 비천하기 때문에 일이 어떻게 되어갈지는 알 수가 없네. 그러므로 제나라를 제대로 안정시킬 수 있는 사람은 규와 소백밖에는 없네. 소백의 사람됨은 자잘한 지혜가 없고 성질은 조급하지만 큰 뜻을 품고 있는데, 내가 아니고는 소백을 이해할 수가 없을 것이네. 불행하게도 앞으로 하늘이 제나라에 재앙을 내리려 한다면, 공자 규가 지도자의 자리에 앉는다고 하여도 나랏일은 잘 이루어지지 않을 것이네. 자네가 나라를 안정시키는데 협력하지 않는다면 누가 하겠는가?

소홀: 백 년 뒤에 우리 지도자께서 세상을 떠나시고 나서, 누가 우리 지도자의 명령을 범하고 우리가 옹립한 이를 내쫓아 우리 규를 빼앗는다면, 세상을 얻더라도 나는 살고 싶지 않을 것이네. 그런 내가 제나라의 정치에 참여하겠는가? 지도자의 명령을 받았으면 바꾸지 않고 그 받들던 것을 없애지 않는 것은 중간 관리자로서, 참모로서 나의 의리일 뿐이라네.

관중: 내가 참모 노릇을 하는 것은 지도자의 명령을 받들어 정부를 지키는 데 있거늘, 어찌 한 개인에 불과한 규를 위해서 죽겠는가? 내가 죽을 상황은 정부가 무너지고, 나라가 없어져 망

하는 때이니, 그때가 오면 나는 죽을 것이네. 그것이 아니라면 나는 살아야겠네. 내가 살아 있으면 제나라에 이로울 것이요, 죽는다면 제나라에 이롭지 못할 것이네.

포숙: 그렇다면 어찌해야 하는가?

관중: 자네는 나아가서 명령을 받드는 것이 옳아.

포숙이 드디어 허락하고 나아가 명령을 받들어 소백을 보필하게 되었다.

포숙: 이제 무엇을 해야 하는가?

관중: 참모가 지도자에게 힘을 다하지 않는다면 지도자는 그 참모를 믿지 않을 것이고, 믿지 않게 되면 말을 들어주지 않을 것이며, 말을 들어주지 않는다면 나라는 안정될 수 없을 것이네. 지도자를 섬기는 자는 두 마음을 품어서는 안 된다네!

포숙아는 공자 소백을 모시고 거莒나라로 도망갔고, 관중과 소홀은 공자 규를 받들고 노나라로 도망갔다. 기원전 685년에 공손무지公孫無知는 옹름雍廩을 학대하게 되었고, 옹름은 원한을 품고 무지無知를 살해하기에 이르렀다. 공자 소백(나중에 제나라 환공桓公이 됨)이 거나라에서 먼저 제나라로 들어오게 되자 노나라에서는 군사를 일으켜 제나라를 치게 되었는데, 이는 공자 규를 제나라에 들이밀려는 의도였다.

관자의 명언

事君者(사군자) 無二心(무이심)

지도자를 모시는 데 두 마음을 품어서는 안 된다.

5. 포용과 배려

죽어서는 덕행을 남기고 살아서는 명성을 드날린다.

그대는 힘써 노력하시라! 죽음과 삶에 분수가 있느니.

사자성행 생자성명
死者成行 生者成名
자기면지 사생유분의
子其勉之 死生有分矣
대광
—「大匡」

관중과 포숙아는 어릴 때부터 친구였다. 그들의 우정은 '관포지교管鮑之交'로 회자되고, 우정의 상징으로 자리매김되었다. 우정이 무엇이길래 죽음을 넘어서는 희생도 잠재우는가? 친구였으나 정치 상황에 의해 정적政敵이 되어버린 관중과 포숙아. 그들의 사람됨을 알아보는 혜안은 인간을 살리고 조직을 살리는 아름다운 모습으로 다가온다.

『관자』 제18편 「대광大匡」과 제20편 「소광小匡」에 포숙아의 지혜가 녹아 있다.

관자의 기록

건시(乾時; 산동성 박홍현 남쪽)에서 전투가 벌어졌다. 전투 중에 관중은 환공(앞에서 나온 '소백')에게 활을 쏘아 그의 허리띠, 혁대의 갈고리(버클)를 맞추었다. 그러나 노나라 군사는 패배했고 환공은 제나라의 최고지도자가 되었다. 이때 제나라는 노나라를 무력으로 위협하여 노나라에게 공자 규를 죽이도록 했다.

환공: 어떻게 해야 나라를 안정시킬 수 있겠소?

포숙: 관중과 소홀을 데려온다면 안정시킬 수 있을 것입니다.

환공: 관중과 소홀은 나와 원수가 아니오?

포숙은 환공에게 자기의 계획을 개략적으로 일러주었다.

환공: 그렇게 하면 이들을 데려올 수 있겠소?

포숙: 빨리 서두르면 가능하지만 그렇지 않는다면 불가능할 것입니다. 노나라의 관료 시백施伯은 관중의 지혜가 어느 정도인지 잘 알고 있습니다. 그래서 노나라 지도자는 관중에게 노나라의 정치적 목적을 달성하도록 일을 시킬 것입니다. 관중이 노나라를 위해 일할 경우, 그는 제나라를 약하게 만들 수 있습니다. 만약 노나라를 위해 일하지 않을 경우, 노나라 측에서도 관중이 제나라로 돌아갈 것을 알기 때문에 반드시 그를 죽일 것입니다.

환공: 그렇다면 관중이 노나라의 정치에 참여할 것 같소? 그렇지 않을 것 같소?

포숙: 참여하지 않을 것입니다. 관중이 공자 규糾의 죽음을 원치 않았던 것은 제나라의 안정을 위해서였습니다. 지금 노나라의 정치에 참여한다면 이는 곧 제나라를 약화시키는 일입니다. 관중이 제나라의 정치에 참여할 경우, 다른 마음을 갖거나 뭐 그렇게 할 인물이 아닙니다. 아마 죽임을 당하게 될 것을 알면서도 노나라의 정치에 참여하지는 않을 것입니다.

환공: 관중이 나를 화살로 쏘아 죽이려고 하는 등 나를 적대적으로 보았는데, 왜 그렇게 했다고 보시오?

포숙: 공을 미워하거나 그런 것 때문이 아니고, 이전의 지도자를 위해서 그런 것이었습니다. 공에 대한 그의 태도는 아우인 공자 규를 모시는 데 미치지 못한 것은 분명합니다. 규가 죽지

않았다면 어찌 공을 섬기겠습니까? 제나라를 안정시키려고 하신다면 빨리 맞아들이십시오.

환공: 아무래도 꺼림칙한데, 어쩌지!

포숙: 노나라 시백은 민첩하게 일처리를 하면서도 두려움이 많습니다. 따라서 공께서 선수를 치시면 그는 제나라와 원수지기를 싫어하여 반드시 관중을 죽이지 않을 것입니다.

환공: 그렇게 합시다.

시백이 노나라 지도자에게 나아가 말하였다.

시백: 관중의 사정이 급하게 되었습니다. 그가 보좌하던 공자 규가 권력을 다투다 실패했습니다. 이제 노나라는 당연히 관중을 정치에 참여시켜야 합니다. 관중이 정치에 참여해야 제나라를 약화시킬 수 있습니다. 참여하지 않는다면 죽여야 합니다. 죽이면 제나라가 좋아할 것입니다. 관중을 죽여 제나라 지도자(환공)의 노여움을 풀어주는 것이 그를 죽이지 않는 것보다 현명한 처사입니다.

노나라 지도자: 좋소.

노나라의 지도자가 관중에게 정치 참여를 요구하기 전에, 제나라의 사자가 찾아와 환공의 말을 전하였다.

사자: "관중과 소홀은 과인의 적이다. 지금 노나라에 있는 그들을 살려서 데려가기 바라노라. 그렇지 못할 때는 노나라 지도자도 과인과 더불어 적이 된다" 고 말씀하셨소이다.

노나라의 지도자가 시백에게 어떻게 하는 것이 좋은지 물었다.

시백: 공께서는 관중을 돌려보내는 것을 허락하십시오. 제가 듣기로는, 제나라 지도자는 성질이 급하고 아주 교만하여, 어진 사람을 얻었다 해도 등용하기를 주저한다고 합니다. 제나라 지도자가 그를 등용한다면 관중은 제나라를 섬길 것입니다. 관중이야말로 세상이 알아주는 훌륭한 인물입니다. 이제 그가 제나라에 돌아간다면 세상은 모두 그에게로 향하게 될 것입니다. 그를 죽인다면 포숙이 난리를 일으킬 것입니다. 왜냐하면 포숙은 관중과 가장 친한 벗이기 때문입니다. 이렇게 되면 공께서는 감당하기 어려운 상황이 됩니다. 이는 관중을 돌려보내도록 허락하는 것만 같지 못합니다.

노나라 지도자는 관중과 소홀을 포박하였다. 그 상황에서 관중이 소홀에게 한마디 건넸다.

관중: 두렵습니까?

소홀: 무엇이 두렵겠습니까? 내가 일찍 죽지 못하고 있었는데, 마음 정할 날을 기다렸을 뿐입니다. 이제 마음이 정해졌습니다. 앞으로 당신은 최고의 관료이자 참모로서 제나라 정치의 핵심에 설 것입니다. 그리고 나 소홀에게는 제나라를 측면에서 돕도록 할 것입니다. 그러나 주인을 죽게 하고서 내가 등용된다면 이는 다시 한 번 나를 욕되게 하는 짓입니다.

당신은 살아서 참모 노릇을 하고, 소홀은 죽어서 참모 노릇을 하게 되었습니다. 나 소홀은 큰 나라의 정치가 무엇인지 알고서 죽고, 공자 규는 자기를 위하여 죽은 참모가 있었다고 말할 수 있을 것입니다.

당신이 살아서 부강한 나라를 만드는 데 기여하면, 공자 규는 당신을 살아 있는 참모라고 말할 것입니다. 죽어서 덕행을 성취하고 살아서 공명을 이룹니다. 그러나 살아 있을 때와 죽었을 때 양쪽에서 동시에 공명을 얻을 수는 없습니다. 그렇다고 덕행이 공허하게 되는 것은 아닙니다. 당신은 살아서 힘써 노력하시기 바랍니다. 죽고 사는 일에는 정해진 분수가 있습니다.

이렇게 대화를 주고받으며 관중과 소홀이 제나라로 들어갈 즈음에, 소홀은 자결하고 관중은 제나라에 들어갔다.

어떤 지도자가 그것에 대해 듣고 말하였다.

"소홀은 죽어서 산사람을 현명하게 만들었고, 관중은 살아서 죽은 사람을 현명하게 만들었다."

환공이 거땅에서 제나라로 돌아와 포숙아를 재상으로 삼으려 하였다.

포숙: 저는 공의 용렬한 참모에 불과합니다. 공께서 제게 은혜를 베푸셔서 제가 춥거나 굶주리지 않았습니다. 지금 나라를 다스리라고 하시면 그 적임자는 제가 아니고, 오직 관중일 것입니

다. 제가 관중보다 못한 것이 다섯이나 됩니다.

첫째, 관대하게 은혜를 베풀어 국민을 사랑하는 일

둘째, 나라를 다스리는데 근본을 지키는 일

셋째, 여러 지도자들과 충성과 신의를 맺게 하는 일

넷째, 예의를 제정하여 세상에서 본받게 하는 일

다섯째, 국방과 관련하여 국민에게 용맹스런 정신을 더해주는 일

저는 이런부분에서 관중보다 못합니다. 관중은 민중의 부모입니다. 그 자식을 다스리려면 그 부모를 버릴 수 없습니다.

환공: 관중은 직접 과인을 활로 쏜 자요. 화살이 과인의 허리띠쇠를 맞혀서 거의 죽을 뻔하였소이다. 그런데 지금 그를 등용하라고 하니, 말이 된다고 생각하시오?

포숙: 관중이 자기가 받들었던 사람을 위하여 한 행동이니, 공께서 용서하여 그를 돌아오게 한다면 공을 위하는 일도 그렇게 할 것입니다.

환공: 그렇다면 어찌해야 좋겠소?

포숙: 사람을 시켜 노나라에 요청하십시오.

환공: 시백은 노나라에서도 지모智謀가 있는 훌륭한 관리가 아니오? 내가 관중을 등용하려는 것을 안다면 반드시 나에게 주지 않을 것이오.

포숙: 공께서는 사자를 보내어 다음과 같이 말하도록 하십시

오.

"우리 지도자를 해칠 만한 착하지 않은 참모가 현재 노나라에 있습니다. 원컨대 여러 참모들 앞에서 죽이려고 하니 돌려보내 주십시오."

그러면 노나라 지도자는 반드시 허락할 것입니다. 또 시백은 관중의 재주를 알기 때문에 반드시 노나라 정치에 참여시키려 할 것입니다. 노나라 정치에 참여하라는 제안을 관중이 받아들인다면 노나라는 제나라를 약화시킬 수 있습니다. 관중이 그 제안을 받아들이지 않는다면, 그는 관중이 제나라로 돌아갈 것을 알고 반드시 죽일 것입니다.

환공: 그렇다면 관중이 시백의 제안을 받아들이겠소?

포숙: 받아들이지 않을 것입니다. 관중은 지도자를 섬기는 데 두 마음을 지니고 있지 않습니다.

환공: 관중이 과인에게도 이와 같이 하겠소?

포숙: 단순히 공 개인을 위해서가 아니고 이전의 지도자와 나라를 위해 헌신할 것입니다. 공께서 나라를 안정시키려 하신다면 빨리 그를 불러들이십시오. 그렇지 않으면 기회를 놓칠 것입니다.

환공이 포숙을 시켜서 노나라와 화친을 맺게 하고 노나라 지도자에게 말하였다.

환공: 공자 규는 내 아우입니다. 아우를 내가 직접 죽일 수 없

으니, 대신 그를 죽여주십시오. 부탁합니다.

이에 노나라 사람이 공자 규를 죽였다.

환공: 관중은 나의 원수입니다. 제발 제나라로 돌려보내어, 내 마음을 기쁘게 하여 주십시오.

그러자 노나라 지도자가 허락하였다. 시백이 노나라 지도자에게 말하였다.

시백: 관중을 돌려보내지 마십시오. 환공은 그를 죽이려는 것이 아니고 그를 등용하여 정치에 참여시키려는 것입니다. 관중은 세상의 어진 사람이요, 큰 그릇입니다. 초나라에 있으면 초나라가 원하는 것을 얻게 하고, 진나라에 있으면 진나라가 원하는 것을 얻게 하며, 적나라에 있으면 적나라가 원하는 것을 얻게 합니다. 이제 이웃 나라인 제나라에서 그를 등용한다면, 우리 노나라의 입장에서는 오랫동안 근심으로 남을 것입니다. 공께서는 어찌하여 죽여서 그의 시체를 주지 않습니까?"

노나라 지도자: 알겠소.

관중을 죽이려 할 적에, 포숙이 나아가 말하였다.

포숙: 관중을 제나라에서 죽이면 제나라의 죄인을 죽이는 꼴이 되지만, 노나라에서 죽인다면 노나라의 죄인을 죽이는 꼴이 됩니다. 우리 지도자께서는 그를 산 채로 잡아다가 국민들에게 공개하고 여러 관리나 참모들이 보는 앞에서 죽이기를 원합니다. 산 채로 잡아들이지 못한다면 이것은 노나라 지도자와 우리

제나라 지도자께서 서로 친해지는 것을 방해하는 꼴이 됩니다. 이는 우리 제나라 지도자께서 원하는 것이 아니며, 저도 그런 명령은 받들기 어렵습니다.

이에 노나라 지도자는 관중을 죽이지 않고 산 채로 포박하여 가두고서 제나라에 주었다. 포숙이 관중을 인수하고, 관중을 향해 곡을 하며 세 번이나 소리 높여 슬퍼하였다.

시백이 좇아 나와 포숙의 행위를 비웃으며 여러 관리들에게 말하였다.

시백: 관중은 절대 죽지 않을 것이오. 포숙은 어진 사람을 죽이지 않습니다. 그는 어진 이를 추천하여 자기의 일을 완성시키는 인물입니다. 포숙은 공자 소백을 도와 먼저 제나라로 들어가 나라를 얻었고, 관중과 소홀은 공자 규를 받들고 나중에 들어왔습니다. 제나라와 노나라가 싸운다면 노나라는 패할 수 있고, 그의 공로는 더욱 높아질 것입니다. 천명을 얻고 잃음에 관계없이, 그가 사람의 일에 온 힘을 다하는 모습은 예나 지금이나 한결같습니다.

지금 노나라는 제나라를 두려워하여 공자 규와 소홀을 죽이고 관중을 가두어 제나라에 주었습니다. 포숙은 나중에 문제가 없음을 미리 알고 관중을 도왔고, 그 지도자인 환공이 관중을 등용하도록 노력할 것입니다. 사람들은 그가 공덕이 있다고 칭송할 것입니다. 나랏일에 힘을 다하다가 죽게 된 공로는 오히려 더할 수 있지만, 살아서 드러낸 공로는 얼마나 대단하겠습니까? 이는 덕을 밝혀서 지도자를 보좌하는 것이니, 포숙의 지혜는 잘못되지 않을 것입니다.

당부(堂阜; 산동성 몽흡현 서북쪽) 부근에 이르러, 포숙은 재앙과 사악한 기운을 없애고 복을 구하는 제사를 행하고 관중을 세 번 목욕시켰다.

환공이 직접 교외郊外에 나와 관중을 맞이하였다. 그러나 관중은 갓끈을 구부리고 옷깃을 여미어 죽음 맞을 채비를 하며, 사람을 시켜 도끼를 잡고 뒤에 서 있게 하였다. 공이 도끼를 잡은 사람들을 세 번이나 꾸짖으며 물러나게 하였다.

환공: 갓끈을 드리우고 옷깃을 내렸으니, 내가 그대를 만나 보려 하오.

관중이 두 번 절하고 머리를 조아려 말하였다.

관중: 공에게 은혜를 받았으니, 죽어서 황천에 간다 하더라도 이름은 썩지 않을 것입니다.

관자의 명언

자기면지 사생유분
子其勉之 死生有分

그대는 힘써 노력하라!
죽음과 삶에는 분수가 있다.

6. 정치의 마스터플랜

정치를 잘하여 세상이 다스려 질 때를 구하려는데 가능하겠는가?
어디서부터 시작하는 것이 좋겠는가?
국민을 사랑하는 일에서 시작하라.

지성인은 하루아침의 편안함만을 말해서는 곤란하다.
모두 한 해의 계획을 고려한다.
한 해의 계획만을 논의해서도 곤란하다.
모두 평생토록 다하려는 사업을 도모해야 한다.

욕수정이간시어천하 기가호
欲修政以干時於天下 其可乎
안시이가 시어애민
安始而可 始於愛民

사막감언일조지편 개유종세지계
士莫敢言一朝之便 皆有終歲之計
막감이종세위의 개유종신지공
莫敢以終歲爲議 皆有終身之功
소광
_「小匡」

죽느냐 사느냐의 갈림길을 지나 관중은 마침내 환공을 돕게 된다. 그리고 조직을 어떤 방식으로 꾸리면 효과적일지 적극적으로 자문하고 비책을 내놓는다. 당시의 시대 상황에 따라 관중의 모든 경험이 쏟아지는 순간이다.

인간 사회는 크고 작은 조직의 얽힘이다. 직물 짜기에서 날실과 씨실이 얽혀서 천을 이루듯이, 개인과 개인, 개인과 조직, 조직과 조직이 새끼 꼬기처럼 유기적으로 연관되어 있다. 조직 중 가장 큰 것은 국가이다. 이 세계는 그런 국가들의 관계망으로 구성되어 있다. 국가를 이끌어가고 조직을 운영하는 일을 흔히 정치政治라고 한다.

정치에는 정치의 길이 있다. 관중은 그 길을 구체적으로 제시한다. 정치의 길은 크게 두 갈래다. 하나는 전체를 크게 다루는 중앙 정치이고, 다른 하나는 각 지역별로 세밀하게 실천해야 하는 지방 정치이다. 그것은 서로 유기적으로 연관될 때 힘을 발휘한다. 마찬가지로 어떤 조직이건 거시적이고 미시적인 지점의 연결이 중요하다. 다시 말하면 중앙 정부와 지방 정부의 협조, 본점과 지점의 연결, 본사와 지사의 유기적 네트워크가 공동체의 운명을 결정한다.

『관자』 제20편 「소광小匡」에는 이런 정치의 마스터플랜을 실제 사례를 통해 제시한다.

관자의 기록

환공은 관중을 중용하여 최고로 예우하였다. 세 번이나 술잔을 주며 정치에 대해 논의하였다.

환공: 옛날에 지도자였던 양공께서 높은 대를 쌓고 넓은 못을 만들어 술을 마시고 사냥을 하며 지나치게 즐겨서 나라 다스리는 일에 소홀히 했소. 성인을 비하하고 선비를 무시하며, 오직 여인들만 소중하게 여겨서 아홉 명의 비와 여섯 명의 빈을 위시하여, 늘어선 첩이 수천 명이었소. 기름지고 맛있는 음식을 먹고 반드시 무늬 있는 비단 옷을 입었지만, 자신을 지켜주던 병사들은 떨고 굶주렸소. 군대에서 필요한 말이나 수레는 공이 사냥하며 노닐다 쓸모없게 되었을 때 보냈고, 병사들은 늘어선 첩들이 먹고 남은 음식을 가져다 먹었소. 광대와 난쟁이 같은 어리석고 교활한 것들은 앞에 서고 어진 대부들은 뒤에 있었소. 그러니 나라꼴이 점점 초라해질 수밖에 없었소. 이렇게 나라가 위기에 처해 있는 시점에서 어떻게 다스려야 하겠소?

관중: 옛날에 우리의 훌륭한 지도자였던 주나라 소왕 · 목왕께서 대대로 문왕 · 무왕의 위대한 전통을 본받으시어 명예를 얻었습니다. 주변의 여러 나라에서 어떻게 다스리는지 그 정황과 사례들을 수집하고, 민중 가운데 예의가 있는 사람을 비교 고찰하여 모범이 되는 전형을 만들어 국민의 기강으로 삼았습니다. 어린아이에서부터 어른에 이르기까지 모두 어진 사람의

미덕을 본받아 서로 이어받고, 그 덕행을 기록하여 스스로 힘쓰게 하였습니다. 상벌로 민생을 살피며, 어른을 공경하고 어진 사람을 존숭하는 것을 국민들의 규범으로 삼았습니다.

환공: 그렇게 하려면 어떻게 해야겠소?

관중: 옛날에 훌륭한 지도자들께서는 국민을 다스릴 때, 나라의 중심지를 셋으로 나누고, 그 교외의 지방 조직을 다섯으로 나누어, 살 곳을 정해주고 일자리를 만들어 주었습니다. 그리고 여섯 가지 권병權秉을 신중히 사용하였습니다. 이와 같이 하여 국민의 실정을 파악하고 그들을 통솔할 수 있었습니다.

환공: 여섯 가지 권병이란 무엇이오?

관중: 살殺·생生·귀貴·천賤·빈貧·부富입니다. 다시 말하면 죽음, 삶, 귀함, 천함, 가난, 잘삶입니다. 이런 문제에 대해 구체적으로 방안을 만들어 해결해 주어야 합니다.

환공: 나라의 중심지를 셋으로 나누는 것은 어떻게 해야 하오?

관중: 나라의 중심지 조직을 21향으로 만듭니다. 상공商工의 향이 6이고, 사농士農의 향이 15입니다. 공께서 11향을 통솔하고, 고자高子가 5향을 통솔하며, 국자國子가 5향을 통솔합니다.

환공: 교외의 지방 조직을 다섯으로 나누는 것은 어떻게 해야 하오?

관중: 5가를 궤라는 조직으로 만들고 각 궤에 궤장을 둡니다. 6궤를 읍邑으로 만들고 읍에는 읍사邑司를 둡니다. 10읍을 1졸卒

로 만들고 졸에는 졸장卒長을 둡니다. 10졸을 향으로 만들고 향에는 양인良人을 둡니다. 3향은 1속屬으로 만들고, 속에는 대부를 둡니다. 5속에 5명의 대부가 있습니다. 무武와 관련되는 일은 속屬에서 처리하고, 문文과 연관되는 일은 향鄕에서 처리하여 다스리니, 방탕하거나 나태한 자가 없게 됩니다.

환공: 국민들의 살 곳을 정해주고 일자리를 만들어 주는 것은 어떻게 해야 하오?

관중: 사士·농農·공工·상商 네 부류의 국민은 나라의 기둥입니다. 따라서 이들을 한 곳에서 그냥 막 살게 해서는 안 됩니다. 섞어서 살게 하면 그 말과 일이 어지럽게 됩니다. 훌륭한 지도자는 이렇게 합니다. 선비는 한가하고 조용한 곳에, 농민들은 밭과 들판에, 장인들은 관청에, 상인들은 시장에 거처하게 하였습니다.

선비들에게 조용한 곳에 모여 살게 하면, 부모는 의리를 말하고, 자식은 효도를 말하며, 지도자를 섬기는 자는 공경을 말하고, 어른들은 자애를 말하고, 어린아이들은 예의를 말하게 됩니다. 아침저녁으로 이러한 본분을 자식에게 가르치면 자식은 어려서부터 그것을 익혀 몸을 단정하게 합니다. 그러므로 부모나 형이 엄격하게 가르치지 않아도 교육이 되고, 자식들이 애써 배우지 않아도 잘하게 됩니다.

농민에게 농토가 있는 시골에 모여 살게 하면, 사계절을 살피고 때에 맞는 쓰임을 헤아려 농기구를 갖출 것입니다. 겨울에는 마른 잡초를 제거하고 밭을 정리합니다. 봄이 오면 땅을 깊이 갈고 씨앗을 뿌립니다. 씨앗이 조금씩 자라면 김매기를 하고 때에 맞는 비를 기다립니다. 비가 내리고 나면 낫이나 괭이, 호미 등 다양한 농기구를 이용하여 아침저녁으로 농사를 짓습니다. 때로는 윗도리를 벗고, 머리에는 밀짚모자를 쓰고, 비가 올 때는 몸을 흠뻑 적셔가며 발이 진흙탕에 빠지는 경우가 있을 정도로 힘을 다하여 논밭에서 일을 할 것입니다. 이런 농사짓는 방법을 젊어서부터 익혀 몸에 배게 하면 농사를 천직으로 여깁니다. 농부들은 꾸밈이 없고 촌스럽지만 간사하지 않습니다. 그중에 뛰어난 재주가 있어 관리가 될 수 있는 사람은 정말 믿을 만합니다. 농부가 경작을 하면 곡식은 많이 생산되고, 벼슬을 하게 되면 훌륭한 관리가 많이 배출될 것입니다. 이 때문에 옛날부터 훌륭한 지도자들은 농민을 공경하고 친하게 여겼습니다.

공업에 종사하는 사람들에게 함께 모여 살게 하면, 그들은 자신들의 뛰어난 재주를 관찰하고 기술의 좋고 나쁨을 구별하여 상황에 맞도록 적절하게 상품을 생산할 것입니다. 기술자들은 기술에 대해 서로 토론하고 비교하며, 자주 쓰일 중요한 도구를 정확히 재단하고 완전한 기술을 지향합니다. 서로의 기술이나 일에 대해 교환하고 스스로 만든 도구를 보여주며 지식을 높입니다. 아침저녁으로 기술 익히는 일에 종사하여 그 자식들을 가르치면 훌륭한 기술자가 됩니다.

상인에게 시장에서 모여 살게 하면, 경제 상황을 관찰하여 물가를 조절하는 데 기여할 것입니다. 상품을 짊어지고, 혹은 우마차에 싣고 사방을 두루 돌아다니며 물물교환을 하기도 하고, 싼 것은 사고 비싼 것은 팝니다. 상인들은 서로의 이익에 대해 말하고 장사하기에 적합한 때를 논의하며, 서로의 가격 정보도 교환합니다. 이렇게 아침저녁으로 상업에 종사하면서 자식들을 가르쳐 장사하는 능력이 뛰어나게 합니다.

농토의 경우, 기름지고 척박한 정도에 따라 곡식의 생산량이 다르므로 세금도 차등 있게 부과해야 합니다. 공업이나 상업의 경우도 마찬가지입니다. 그래야 국민이 편안하게 살 수 있습니다. 정치를 하는데 이 사회와 국가를 위해 헌신한 사람들을 제대로 대우해 주어야 합니다. 특별한 공로도 없는 사람들을 우선시하면, 국민들이 정부를 믿으려 하지 않을 것입니다.

환공: 정치를 제대로 하여 세상 사람들에게 칭송을 듣고 싶은데 그것이 가능하겠소?

관중: 가능합니다.

환공: 어디서부터 시작하는 것이 좋겠소?

관중: 국민을 사랑하는 일에서 시작해야 합니다.

환공: 국민을 사랑하는 길은 무엇이오?

관중: 공께서는 본분에 따라 다스리십시오. 집안을 단속하고

관리나 참모들을 정당하게 대우하여 봉급을 제대로 주게 되면, 사람들이 서로 친하게 될 것입니다. 옛날의 잘못은 용서하고 형벌은 가볍게 하십시오. 세금도 적게 거둬들이십시오. 그러면 국민들이 잘살게 될 것입니다. 각 지역에 훌륭한 지도자를 두어 국민들을 다스리게 하면 그 지역민들은 예의가 있게 됩니다. 정해진 법에 따라 일을 처리한다면 국민들이 바르게 될 것입니다. 이것이 국민을 사랑하는 길입니다.

환공: 국민들이 잘살게 되었다면 그 다음에는 어떻게 다스려야 하오?

관중: 국가 예산으로 실력 있는 인재를 길러 국민들을 위해 봉사하게 하고, 훌륭한 사람을 존중하고 국민들의 지식수준을 높이십시오. 그리고 정당한 법집행을 통해 국민들의 생활을 원활하게 하십시오. 정책을 시행할 때 개인적인 감정을 앞세우지 마십시오. 그래야 많은 사람들을 포용할 수 있습니다. 언행을 할 때는 믿음을 줄 수 있게 하십시오. 그래야 권위가 제대로 섭니다. 이것이 국민을 다스리는 길입니다.

환공: 국민들의 살 곳이 정해지고 직업도 갖게 되어, 우리나라가 어느 정도 잘살 수 있게 되었다고 생각해 봅시다. 그렇다면 이제 내가 해외로 손을 뻗어 국제화를 꾀하려고 하는데 괜찮겠소?

관중: 국민들이 정부에서 베푼 정책을 편안하게 여기지 않고

있으니, 아직은 때가 아닙니다.

환공: 국민들이 편안하게 여기게 하려면 어찌해야 하겠소?

관중: 법을 제대로 정비하여 정당하게 집행하고, 국민들을 사랑하여 절대빈곤에 허덕이는 사람들을 구제하십시오. 또한 세금제도를 합리적으로 운용하고 국민을 공경하십시오. 그러면 나라가 부유해지고 국민들이 편안해 할 것입니다.

환공: 국민들이 편안하게 잘 살게 되면 가능하겠소?

관중: 아직도 멀었습니다. 제나라가 국외로 진출하려고 한다면 다른 나라도 그렇게 할 것입니다. 어떤 나라는 제나라보다 더 철저하게 대비할 것입니다. 그렇게 되면 국제적으로 재빠르게 성공하기가 쉽지 않습니다. 국제적 명성을 얻으려면 국내적으로 탄탄하게 힘을 기르고 비축해야 합니다.

환공: 어떻게 하면 좋겠소?

관중: 국내정치를 충실히 하고 국방을 튼튼히 하십시오. 고자高子와 국자國子, 그리고 공公께서 관할하는 마을을 만들어서, 제나라의 중심지를 셋으로 나누어 삼군三軍을 만드십시오. 현명한 국민을 등용하여 각 지역의 지도자로 내세웁니다. 각 지역에는 자치적인 방위 조직을 두고 평소에 각종 재난에 대비하고, 지역민들이 일하는 성과에 따라서 상벌을 베푸십시오.

환공: 아주 좋습니다.

이후에 환공은 각 지역의 지도자들에게 지역 정치에 대해 직접 물었다.

환공: 그대가 다스리는 지역에 평소 옳은 일을 행하고 배움을 좋아하며 총명하고 성품이 어질며 부모에게 효도하고 공경과 우애로 지역 사회에 소문난 사람이 있는가? 또한 용맹스럽고 건장한 사람이 있는가? 이와 반대로 부모에게 효도하지 않고 지역 어른을 공경하지 않으며, 교만하고 경박하고 음탕하고 포악하여 법을 지키지 않는 자가 있는가? 있다면 말해 보라.
이에 각 지역의 지도자들이 훌륭한 지역 주민들을 추천하였다.

각 지역의 지도자들: 어떤 이가 관청에서 근무하는데 여러 가지로 지역 주민에게 기여하는 것도 많고, 마음씨가 아름답고 정직합니다. 지역민과 어울릴 때는 늘 공경恭敬하게 대합니다. 특히 지역민들의 민원 사항을 잘 파악하여 고충을 처리합니다.
환공은 이런 보고가 사실인지 직접 지역 주민들을 만나서 묻고 조사하였다. 그리고 그것이 사실일 경우, 그들을 불러 대화하며 자질을 살피고, 그가 그런 봉사와 희생정신으로 지역 사회에 기여하는지 점검하였다. 특히 국가가 어려움에 처한 상황을 설정하고, 그것을 헤쳐 나가는 방법을 물었다. 그리하여 그 답변이 막힘이 없으면 등용할 만하다고 판단하고 물러나 기다리게 하였다. 그가 물러간 후에는 그 지역에 다시 물어서 그 능력을 살

펴보고, 큰 과실이 없으면 등용하여 참모로 삼았다. 이런 관리나 참모 등용을 '3선三選' 이라고 한다.

이렇게 하자 각 지역의 지도자들은 자신이 다스리는 지역을 철저하게 정비하고 관리하기 시작했다. 착한 일을 한 사람에게는 상을 주었고 나쁜 짓을 한 자에게는 벌을 주었다. 지역 정치가 정착되면서 각 지역에서는 어린 사람이 어른에게 달려들지 않았고, 자치단체나 지역민 모두가 본분에 충실했다. 덕이 없는 젊은 남자나 여자는 짝을 찾지 못해 결혼하지 못했고, 지역 유지가 세 번 아내를 내치면 지역에서 쫓겨났으며 여자가 세 번이나 결혼하면 힘든 노동으로 사회봉사를 시켰다. 이런 분위기가 되자 지역민들은 모두 착한 일을 행하는 데 힘을 쏟았다. 특히 지역 유지나 배운 사람들은 일시적으로 편안함을 추구하지 않고 지역 발전을 위한 중 · 단기 계획을 논의하였으며, 장기적으로 지역 발전의 청사진을 계획하고 고민하였다.

또한 어떤 지역의 지도자들이 환공에게 지역 자치의 실정을 보고하였는데, 환공은 제대로 다스려지지 않는 지도자들을 엄하게 꾸짖었다.

환공: 국가에서 지역 자치 예산을 나누어 준 것은 비슷한데, 어찌하여 어떤 곳은 잘 다스려지고 어떤 곳은 제대로 다스려지지 않는가? 지역민에 대한 관심과 배려, 교육과 훈육이 훌륭하지 않으면 지역 자치가 제대로 되지 않는다. 한두 번은 봐줄 수

있지만 세 번째는 용서하지 않겠다.

이에 지역 지도자들은 자신의 정치 스타일을 반성하며 각 지역으로 돌아가 지역을 정비하고 다시 관리하기 시작했다. 지역민 중에 착한 일을 많이 한 사람에게는 상을 주고 나쁜 짓을 하는 자는 벌을 주었다. 이에 지역 정치가 서서히 정착되고, 나라도 안정되어 갔다. 국내적으로는 안정되고 부강해졌으며 국외적으로도 도전해볼 만한 수준이 되었다.

관자의 명언

사 종세지계 종신지공
士 終歲之計 終身之功

지성인은 한 해의 계획을 세우는 동시에, 평생토록 이루어야할 사업을 도모한다.

7. 정치 실천의 세목들

지도자는 우유부단해서도 안 되고 힘써 일하지 않아서도 안 된다.

우유부단하면 국민을 지킬 수 없고

힘써 일하지 않으면 일을 이룰 수 없다.

人君唯優(인군유우) 與不敏爲不可(여불민위불가)

優則亡衆(우즉망중) 不敏不及事(불민불급사)

__「小匡(소광)」

정치의 성패는 조직을 정비하여, 다양한 분야에 걸쳐 구체적으로 실천하는지의 여부에 의해 판가름난다. 특히 조직의 안보, 다른 조직과의 교류, 인재등용, 지도자의 병폐 성찰 등 미시적인 부분에서 챙겨야할 것이 많다. 중요한 것은 지도자의 의식과 결단이다. 지도자가 자기 생각만으로 조직 운영의 방침을 정하면 조직 운영은 원만하지 못하다. 필요에 따라 적절한 참모를 등용하여 상황에 적합한 정책을 제시하게 해야 한다.

『관자』 제20편 「소광小匡」은 정치의 마스터플랜에 이어, 세세한 정치 실천의 요목들을 보여준다.

관자의 기록

환공: 국방이 정비되고 국내정치도 안정되었으니, 다른 나라들과 국제화를 모색해도 되겠소?

관중: 아직도 좀 미비합니다. 국방에 대해서는 이미 문제를 제기했습니다. 제나라는 지금 국방에 허술한 부분이 있습니다.

이에 관중은 여러 방법을 동원하여 국방을 충실하게 만들었다.

환공: 이제 국방도 튼튼하게 되었으니, 국제화를 모색해도 좋겠소?

관중: 아직도 미비한 부분이 있습니다. 국내정치를 담당할 인

재가 제대로 갖추어지지 않았고, 외교에 종사할 인재가 준비되지 않았습니다.

그래서 포숙아를 비롯한 고위층 관리와 참모들을 등용하였다.

환공: 국내정치와 외교를 담당할 인재가 갖추어졌으니 이제 국제화가 가능하겠소?

관중: 아직 가능하지 않습니다. 이웃 나라가 우리를 긍정적으로 보지 않습니다.

환공: 긍정적으로 보게 하려면 어찌해야 하오?

관중: 우리의 국경을 살펴서 우리가 빼앗은 땅은 돌려주고 경계를 바르게 해야 합니다. 그리고 이웃나라를 자주 방문하시어 양국 간에 걸려 있는 이해 문제를 풀어야 합니다.

이후 환공은 여러 관리와 참모들의 의견을 참고로 자신의 지혜를 더하였다. 그의 최측근 참모는 관중이었고, 이외에도 영척 · 습붕 · 빈서무 · 포숙아를 두고 국사를 맡겨 천하의 패업을 이룰 수 있었다. 이런 결과는 위로 훌륭한 지도자가 있고, 아래에 현명한 참모가 있었기 때문이다.

관중이 환공의 최고층이자 최측근 참모가 되는 순간은 다음과 같이 포착된다.

관중: 도끼로 극형을 받아야 할 자가 다행히 목숨을 부지하여 허리와 목이 붙어 있는 것은 저의 복입니다만, 국정을 관장하는

것과 같은 큰 일을 제가 맡을 수는 없습니다.

환공: 그대가 정사를 맡아 나를 도와주지 않는다면 과인은 최고지도자 자리를 감당하지 못하고 무너질 것 같소.

관중은 환공의 간청을 받아들이고 최고위층 참모 자리를 수락하였다. 3일이 지나자 환공이 말하였다.

환공: 과인에게 크게 세 가지 병폐가 있소. 이런 병폐가 있는데 정치를 잘할 수 있겠소?

관중: 저는 그것에 대하여 들은 것이 없습니다. 무엇입니까?

환공: 과인은 사냥을 좋아하는데, 어두운 밤에 새들이 서식하는 곳에 이르러 사냥을 합니다. 이때 새를 쏘아 잡지 않고서는 돌아오지 않습니다. 이러니 정사를 제대로 돌볼 수 없을 때가 있어요.

관중: 좋은 일은 아닙니다. 그러나 정치를 못할 정도로 중대한 문제도 아닙니다.

환공: 과인은 술을 좋아하여 밤낮으로 계속 마십니다.

관중: 좋은 일은 아닙니다만 그리 중대한 문제는 아닙니다.

환공: 과인에게 음란한 행동이 있습니다. 여색을 좋아합니다.

관중: 좋은 일은 아닙니다. 그러나 정치를 못할 정도로 중대한 문제는 아닙니다.

환공: 이 세 가지 병폐가 정치를 하는 데 괜찮다면, 하지 말아야할 것은 무엇이오?

관중: 정치에서 삼가야 할 행위가 있습니다. 우유부단하지 않아야 하고 근면하지 않은 행동은 하지말아야합니다. 우유부단하면 국민들을 지킬 수 없고, 근면하지 않으면 일을 이룰 수 없습니다.

환공: 잘 알았소이다. 오늘은 이만 돌아가십시오. 다른 날 다시 논의합시다.

관중: 다른 날 다시 논의할 필요까지 없습니다. 지금 당장 논의하시지요. 저에게 조언을 구하고 함께 이야기하실 텐데 무엇 때문에 다른 날을 기다리십니까?

환공: 그러면 무엇부터 해야 하겠소?

관중: 공자公子 거擧는 식견이 많고 예의를 알며 학문을 좋아하고 겸손한 참모입니다. 그러니 노나라에 특사로 보내어 친교를 맺게 하십시오. 공자 개방開方은 재주가 있고 예리한 참모입니다. 위나라에 특사로 보내어 친교를 맺게 하십시오. 조손숙曹孫宿은 조그만 예절을 중시하고 세밀하게 관찰하며 아주 공손하고 말을 잘 하는 참모입니다. 그러므로 형荊나라나 초楚나라 사람들의 요구에 잘 부합합니다. 그를 초나라에 특사로 보내어 친교를 맺게 하십시오.

관중은 세 사람을 즉시 특사로 파견한 후에 물러났다. 관중은 환공의 최측근이자 최고위층 참모가 된 지 3개월 만에 여러 관리와 참모들에 대해 평가하기를 요청하였다.

환공: 그렇게 하시오.

관중: 습붕隰朋은 예절이 바르고 상황에 따라 강하고 부드럽게 말을 잘하므로 외교 업무를 맡기면 제격입니다. 영척寧戚은 국토를 잘 활용하여 국민들을 잘 살게 하는 데 기여하므로 국토 관리 업무를 맡기면 좋습니다. 성보城父는 군사전략 전술이 뛰어나므로 국방 업무에 제격입니다. 빈서무賓胥無는 법집행에서 아주 공정하게 처리하므로 법을 다루는 업무를 맡기면 잘 할 것입니다. 동곽아東郭牙는 올바른 판단과 충고에 능숙합니다. 그러므로 국가 감찰을 담당하는 업무를 맡기십시오. 저는 이 다섯 사람의 장점을 하나도 제대로 갖추지 못하고 있습니다. 그런데 저에게 그런 업무를 맡으라고 하시면 충실하게 하지 못할 것입니다. 공께서 나라를 다스리고 국방을 튼튼하게 만들려고 하신다면 다섯 참모를 중용하시고, 패왕霸王이 되고자 하신다면 제가 돕겠습니다.

환공: 좋소이다.

관자의 명언

우즉망중 불민불급사
優則亡衆 不敏不及事

(지도자가) 우유부단하면 구성원을 지킬 수 없고, 힘쓰지 않으면 일을 이룰 수 없다.

8. 지도자의 철학

토지를 가지고 국민을 다스리는 지도자는
그 임무가 농사가 잘 되도록 네 계절을 살피는 데 있고
그 직분이 곡식을 저장하는 창고가 가득하게 하는 데 있다.
정치가 흥성하는 것은 민심을 따르는 데 있고
정치가 피폐하는 것은 민심을 거스르는 데 있다.

유지목민자 무재사시 수재창름
有地牧民者 務在四時 守在倉廩
정지소흥 재순민심
政之所興 在順民心
정지소폐 재역민심
政之所廢 在逆民心
목민
_「牧民」

모든 공동체의 지도자는 지도자로서 자격을 갖추어야 한다. 지도자의 자격은 일상생활에서 꾸준히 도덕을 쌓은 결과, 그것이 정치철학으로 몸에 배었을 때 주어진다.

관중은 『관자』 제79편 「국준國准」과 제1편 「목민牧民」에서 그 기본을 제시한다. 국가 최고지도자에서 자치단체장과 공공기관장, 기업의 총수와 각종 단체의 씨이오(CEO), 부서장, 팀장, 조그만 모임의 리더, 자영업자, 가족을 이끌어 가는 가장에 이르기까지, 리더십 발휘를 필요로 하는 모든 인간에게 관중은 다음과 같은 정치 행위의 기준을 권유한다.

관자의 기록

조직상황의 파악

환공: 국내정치를 시행하는 데 원칙이 있소?

관중: 정치는 상황에 따라 책략을 세워야 합니다.

환공: '상황에 따라 책략을 세운다' 니, 무슨 말씀이오?

관중: 옛날에 황제는 사사로운 세력을 경계하였습니다. 유우有虞는 연못을 마르게 하고 산림을 불태워 사람이 살 수 있게 했습니다. 하후夏后는 가시덤불과 늪, 연못을 불태우고 부유한 국민들의 이익이 증가하지 못하게 했습니다. 은나라의 왕은 제후들의 소와 말의 가축우리를 없애고 그 기물을 날카롭지 않게 했

습니다. 주나라의 왕은 관리들이 물자를 잘 갖추도록 하는 데 신경을 써서 정치를 했습니다. 다섯 분 지도자의 정치 방법은 다르지만 그 실제 내용은 같습니다.

환공: 오늘날과 같은 시대에 지도자 노릇을 하려면 무엇을 내세우는 것이 옳겠소?

관중: 앞에서 말한 다섯 분 지도자들의 정치 방법을 응용하되, 한꺼번에 똑같은 방법으로 쓰지는 마십시오.

환공: 무슨 말씀이오?

관중: 산림과 연못을 태우는 일을 금지하고, 기계를 만들어서 응용하며, 국가의 이익을 위해서 물가 정책을 쓰고 유통이 잘 되도록 해야 합니다. 산에 묻혀 있는 금을 캐서 화폐를 주조하고, 수초와 구릉을 보존하여 소와 말을 길러 국민들을 배불리 먹게 해야 합니다. 수초가 무성한 땅은 곡식은 자랄 수 없지만, 사슴과 고라니, 소와 말은 기를 수 있는 땅입니다. 봄과 가을에 송아지와 망아지를 초지에 풀어서 먹이되 다 자라면 잡고, 화폐를 주조하여 곡식과 바꿀 수 있습니다.

환공: 다섯 분의 지도자들은 정치의 방법을 온전하게 실천한 것 같소. 앞으로 지도자 노릇 하려는 사람의 정치 원칙은 어떠해야 하겠소?

관중: 다양한 상황을 열심히 살피되 어지럽히지 마십시오. 늘 변화를 도모하되 원칙을 견지하십시오. 때가 이르면 행하고, 때

가 지나치면 버리십시오. 지도자의 정치는 예견하여 규정할 수 있는 것이 아닙니다.(_「국준國准」)

재정 충실과 민생고 해결

국민을 다스리는 지도자의 임무는 국민이 생업에 종사할 수 있도록 민생을 보살피고 국가 재정을 충실히 하는 데 있다. 국가 재정이 튼튼하면 외국 사람들이 찾아오고, 국민들도 의식 수준이 높아져 예절을 알고 지혜롭게 된다. 지도층 인사들이 법도를 준수하면 국민들이 서로 친해지고, 예의염치가 베풀어지면 최고지도자의 정책이 신뢰를 얻는다.

농사를 지어 국부를 축적한다고 생각하자. 지도자는 자연의 계절 변화에 맞추어 힘써 노력해야 한다. 그렇지 않으면 수확이 제대로 되지 않는다. 땅이 주는 이로움을 살펴 땀 흘리지 않으면 곡식 창고가 차지 않는다. 들판이 개간되지 않고 황무지로 방치되어 있으면 국민들은 농사에 신경 쓰지 않고 살기도 어려워져 간사한 짓을 하게 된다. 지도자나 사회 지도층이 절도 없이 재물을 써서 예산을 낭비하면 국민들은 과중한 세 부담에 난동을 일으킨다. 사치스런 행동을 하거나 방종하면 국민들은 음탕하게 되고, 사치와 방종의 근원을 막지 못하면 법질서가 바로 잡히지 않는다. 교육이 베풀어지지 않으면 어리석은 국민들은 깨닫지 못하게 되고, 훌륭한 사람들을 공경하지 않으면 효도와 우애가 갖추어지지 않으며, 예의염치가 베풀어지지 않으면 나라가 망한다.(_「목민牧民」 "국송國頌")

민심과 정치 흥망

정치가 잘 이루어지는 것은 민심을 따르는 데 있고, 정치가 어지럽게 되는 것은 민심을 저버리는 데 있다. 민심을 따르기 위해서는 민심을 파악해야 한다. 민심의 향방은 크게 네 가지로 요약된다.

첫째, 국민들은 근심과 노고를 싫어한다. 지도자는 그들을 편안하고 즐겁게 해주어야 한다.

둘째, 국민들은 가난하고 천한 것을 싫어한다. 지도자는 그들을 부귀하게 해주어야 한다.

셋째, 국민들은 위험에 빠지는 것을 싫어한다. 지도자는 그들을 보호해주어야 한다.

넷째, 국민들은 후세가 끊기는 것을 싫어한다. 지도자는 그들을 단절 없이 살 수 있게 해주어야 한다.

국민들을 편안하고 즐겁게 해주면, 그들은 지도자를 위하여 근심과 노고도 감수한다. 부귀하게 해주면, 그들은 지도자를 위하여 가난하고 천한 것도 감수한다. 보호해주면, 그들은 지도자를 위하여 위험에 빠지는 것도 감수한다. 단절 없이 살 수 있게 해주면, 그들은 지도자를 위하여 생명을 희생하는 것도 감수한다.

법집행만으로는 국민들을 두렵게 하기에 부족하고, 사형제도로 국민들의 마음을 복종시키기에 부족하다. 법집행이 자주 이루어지지만 국민들이 그것을 두려워하지 않으면 법령이 시행되기 어렵다. 사형제도로 많은 사람을 죽이면서 겁을 주어도 국민들이 마음으로 복종하지 않으면 지도자의 자리는 늘 위태롭다.

이와 같이 국민들이 원하는 네 가지를 충족시켜 주면, 관계가 멀었던 사람도 저절로 친해지지만, 국민들이 싫어하는 일을 행하면, 친하던 사람도 멀어진다. 그러므로 국민들에게 '주는 것이 오히려 얻는 것' 이라는 점을 아는 것이 정치의 핵심이다.

(__「목민牧民」 "사순四順")

지도자의 철학

1. 조직의 상황을 파악한다.
2. 재정을 확보한다.
3. 구성원들의 고충을 해결한다.
4. 주는 것이 얻는 것이다.

관자의 명언

정지소흥　재순민심
政之所興　在順民心
정지소폐　재역민심
政之所廢　在逆民心

정치가 잘 되는 것은 민심을 따르는 데 있고
정치가 안 되는 것은 민심을 거역하기 때문이다

9. 지도자의 자질

욕망을 비우고 고요함을 지켜라.

사람마다 물건마다 자연스럽게 된다.

지도자는 문에 재능이 있고 무에 위엄이 있어야 한다.

맡은 직책에 익숙한 것은 승리의 조건이며

때를 따르는 것은 승리의 총칙이며

방책이 변화무쌍함은 승리의 징조며

의리를 실천하는 것은 승리의 이치이며

명분과 실리는 승리의 급선무이며

분수를 지킴은 승리의 정치적 행위이며

칠 곳을 살피는 것은 승리의 실천이며

온전하게 갖추는 것은 승리의 근원이며

모습을 감추는 것은 승리의 근본이다.

인처허수정 인인물물황
因處虛守靜 人人物物皇

필득문위무 관습승지무
必得文威武 官習勝之務

시인승지종 무방승지기
時因勝之終 無方勝之幾

행의승지리 명실승지급
行義勝之理 名實勝之急

시분승지사 찰벌승지행
時分勝之事 察伐勝之行

비구승지원 무상승지본
備具勝之原 無象勝之本

유관
—「幼官」

지도자는 어떤 모습이어야 하는가? 지도자의 자질은 무엇인가? 『관자』 제8편 「유관幼官」에는 지도자가 지녀야 할 교양에 대하여 언급한다. 지도자가 조직구성원과 동일한 차원의 언행을 한다면, 리더십 발휘에 문제가 발생할 수 있다. 지도자는 조직구성원들에게 따스하게 다가가 친구 같은 역할을 할 수는 있지만, 실제 친구가 되기란 쉽지 않다. 그것은 직위, 책무와 연관되기 때문이다. 조직구성원들은 각자 맡은 일에 충실하면 되지만, 지도자는 구성원 모두를 어루만지는 위치이다. 따라서 정신적·육체적 측면을 비롯한 세심한 부분까지도 고민해야 한다. 여기에서 요구되는 것이 바로 지도자의 교양이다. 지도자는 문무文武를 겸비한 전인적 인간으로서 리더십을 갖추어야 한다.

관자의 기록

지도자는 개인적 욕심을 버리고 누구나 인정하는 보편적 도리에 순응해야 한다. 그러면 국민들이 편안하게 잘 지낼 수 있다. 주어진 사명감을 인식하고 훌륭한 사람을 존중하며 덕이 있는 인물에게 일을 맡기면 지도자로서의 책임을 완수할 수 있다. 몸소 착한 일을 실천하고 옳은 일을 행하며 충성스런 사람과 믿을 수 있는 사람을 등용하면 최고지도자로서의 훌륭한 업적을 이룰 수 있다.

전체 세입과 세출, 실제 지출 규모를 살피고, 국가 경쟁력이 있는 사업을 조정해나가면 국가의 부를 창출할 수 있다. 법률을 정비하고 정책을 신중하게 고려하여 시행 원칙을 세우고 유능한 관리에게 임무를 맡겨 국정을 수행하면 나라는 제대로 다스려진다.

조직구성원들을 관리할 방법을 연구하고 그들에 대한 예의를 갖추며, 민첩한 조직원을 선발하고 사업 방법을 정밀하게 한다면 성공할 수 있다. 살아 있는 사람을 편안하게 살게 하고 죽은 사람에 대해서는 인색하지 않게 장례를 치르며, 어진 이를 공경하여 높여주며 구성원들을 잘 대우해 주면 조직구성원들의 마음을 얻게 된다. 상을 줄 때는 정당한 근거에 의해 믿음이 있게 하고, 벌을 줄 때는 원칙을 세워 신중하게 하며, 재주 있는 사람에게 적절한 임무를 주고, 능력 있는 사람에게 인센티브를 준다면 조직은 강해질 수 있다.

지도자는 합리적 도리에 맞게 공동체 구성원과 소통해야 하고, 은혜를 베풀어 길러야 하며, 착한 일을 실천하여 친밀도를 높여야 하고, 의리를 지켜 성숙하게 만들어야 한다. 그리고 덕성을 길러 보답하게 하고, 믿음으로 서로 맺게 하며, 예의로 사귀고, 음악으로 화목하게 하며, 자신이 맡은 일을 충실히 함으로써 서로 기약하고, 올바른 언행으로 그들의 마음 상태를 살피며, 정당한 힘으로 분발시키고, 정성으로 감화시켜야 한다.

지도자는 휴머니즘적 교양과 위엄, 지성과 야성을 겸비해야 한다. 자신이 맡은 직책 수행에 익숙해지는 것은 정치를 성공으로 이끄는 관건이다. 때를 따르는 것은 성공의 총칙이다. 전략을 상황에 맞게 구사하는 것은 성공의 징조이다. 의리를 실천하는 것은 성공의 도리이다. 명분과 실적은 정치적 성공을 위한 우선 작업이며, 때를 포착하는 것은 성공을 위해 심사숙고할 사항이다. 무엇을 집중 공략할 것인지 살피는 일은 성공의 열쇠이며, 인적 · 물적 자원을 온전히 갖추는 것은 성공의 근원이다. 여기에다 어떤 행동을 할 것인지 감추고 드러내지 않아야 한다. 이것이 성공의 근본이다.

법질서와 공무 집행이 확실하게 되고, 재정 예산이 확보되고, 정보 수집이 정확하고, 인재 선발과 등용이 제대로 되고, 정책을 구체적으로 응용하고, 업무에 따라 질서가 분명하면 정치는 성공할 수 있다. 죽기를 각오하는 마음으로 살아가고, 성공과 실패의 이치를 잘 알면 정치는 반드시 성공할 수 있다. 다양한 전략을 확실하게 응용하고, 공허한 이상과 실제적 현실을 분명하게 구별하고 흥성과 쇠망의 이치를 알 수 있으면 정치를 성공으로 이끌 수 있다.

관자의 명언

처허수정　인물즉황
處虛守靜　人物則皇

욕망을 비우고 고요함을 지켜라. 사람마다 물건마다 자연스럽다.

10. 조직을 다스리는 관건, 상황 적합성

기운이 있으면 살고 기운이 없으면 죽는다.

생명은 기운에 의존한다.

명분이 있으면 다스려지고 명분이 없으면 어지럽게 된다.

다스림은 명분에 달려 있다.

많은 것은 적은 것을 이기고 빠른 것은 느린 것을 이기며

용기는 비겁함을 이기고 지혜로움은 어리석음을 이기며

선함은 악함을 이기고 정의는 부정의를 이기며

자연의 질서에 맞는 것은 자연의 질서에 어긋난 것을 이긴다.

유기즉생 무기즉사
有氣則生 無氣則死

생자이기기
生者以其氣

유명즉치 무명즉란
有名則治 無名則亂

치자이기명
治者以其名

중승과 질승서
衆勝寡 疾勝徐

용승겁 지승우
勇勝怯 智勝愚

선승악 유의승무의
善勝惡 有義勝無義

유천도승무천도
有天道勝無天道

추언
_「樞言」

동양사상의 백과사전에 해당한다고 볼 수 있는 『여씨춘추』의 내용 중 「심시審時」는 '때를 살피라'는 의미이다. 과거 농경사회에서 농사는 인간의 삶을 보장하는 핵심이었는데 「심시」 편은 농사에서 때의 중요성을 잘 일러주고 있다.

사실, 농사는 사람의 힘을 가장 필요로 하는 생업이다. 문제는 단순히 사람이 씨 뿌리고 가꾸면 끝나는 것이 아니라는 점이다. 씨 뿌리고 가꾸는 작업에서 사람의 힘이 가장 소중한 것은 사실지만, 그것을 생장시키는 것은 땅의 힘이고, 그것의 양육은 천시天時이다. 즉 자연의 질서, 그 법칙과 상황에 따라 사람의 힘을 발휘해야 한다.

이처럼 모든 사태에는 그에 따른 상황이 펼쳐진다. 모든 조직 공동체는 그 규모에 따라 다양한 사건이 벌어진다. 그것을 연출하는 존재는 조직의 지도자이다. 국가 사회의 지도층 인사, 기업의 경영인, 학교의 교사 등 조직과 공동체의 지도자는 다양하다. 조직을 운용하는 핵심은 무엇일까? 조직을 제대로 다스리는 관건은 무엇인가? "하늘에는 태양이 있고 사람에게는 마음이 있다. 이것이 길이다"라는 관자의 말이 그것을 대변한다.

『관자』 제12편 「추언樞言」에는 조직을 다스리는 관건에 대해 자세하게 소개하고 있다.

관자의 기록

기氣가 모이면 생명력이 부여되어 사물이 이루어지고 기가 흩어지면 사물도 죽게 마련이다. 사물의 생명은 기에 의존한다. 이와 마찬가지로 인간 사회의 삶도 명분이 맞으면 다스려지고 명분이 없으면 어지럽게 된다. 따라서 다스림은 명분에 달려 있다. 정치는 명분이다.

인간의 삶에서 핵심이 되는, '사랑 베풀기, 이익 주기, 재산 늘리기, 편안하게 살기' 이 네 가지는 모두 인간의 올바른 길에서 나온 것이다. 지도자들이 이 네 가지를 잘 운용한다면 그 공동체는 잘 다스려진다. 지도자는 먼저 할 것과 나중에 할 것을 잘 살펴야 하는데, 구성원들의 복지와 사업의 번창을 앞세우면 성공할 것이고, 자기의 존귀함과 교만함을 앞세우면 실패하게 될 것이다. 그러므로 예로부터 훌륭한 지도자들은 먼저 할 것과 나중에 할 것의 순서를 잘 살폈다.

지도자는 관리나 참모를 함부로 대해서는 안 된다. 국민이나 조직구성원들을 조심스럽게 대해야 한다. 또한 부의 축적을 삼가야 한다. '관리나 참모를 함부로 대해서는 안 된다' 는 것은 훌륭한 사람을 어떻게 등용시키느냐에 달려 있다. '국민이나 조직구성원들을 조심스럽게 대해야 한다' 는 것은 관리나 참모를 어떻게 적재적소에 배치하여 운용하느냐에 달려 있다. '부의 축적을 삼간다는 것' 은 국토 이용을 어떻게 하느냐에 달려 있다.

한 국가에는 세 가지 소중한 것이 있다. 보물과 기구器具, 재용財用이 그것이다.

첫째, 나라의 보물은 국가 방위에 유리한 지리적 요건과 축적해 놓은 국가 재정이다.

둘째, 나라의 기구는 뛰어난 인재와 같은 인적 자원이다.

셋째, 나라의 재용은 구슬이나 옥과 같은 치장에 쓰이는 보석들이다.

이 세 가지 중 재용은 앞의 두 가지에 비해 덜 중요하다. 그러기에 옛날부터 훌륭한 지도자들은 나라의 보물과 기구를 중요하게 여기고, 재용을 가벼이 하였다. 그 결과 국가를 잘 다스릴 수 있었다.

이 세상을 살아가는 데 인간에게 있으면서도 그대로 있지 못하는 것, 네 가지가 있다. 기뻐하기〔喜〕, 노여워하기〔怒〕, 미워하기〔惡〕, 바라고 원하기〔欲〕가 그것이다. 이 네 가지 일에 푹 빠져버릴 경우, 자신을 잃고 세상을 망하게 한다. 그러기에 현명한 사람은 이것을 삶의 교훈으로 삼는다.

훌륭한 덕으로 성공한 지도자들은 그 혜택을 조직구성원들에게 돌린다. 힘과 권력으로 성공한 지도자는 힘과 권력을 받쳐주는 참모들에게, 나약한 지도자는 자신에게 아부하는 참모들에게, 실패한 지도자는 부녀자들의 패물을 사주는 데 그 혜택을 돌린다. 그러므로 훌륭한 지도자들은 그 혜택이 어디로 돌아가는지 신중하게 고려하였다.

훌륭한 지도자들은 정성과 신용을 귀하게 여긴다. 정성과 신용은 세상을 조화롭게 묶어주는 덕목이다. 현명한 참모는 혈연이나 지연, 학연에 얽매이지 않는다. 훌륭한 학자나 관리는 권세에 의지하지 않는다. 훌륭한 지도자들은 국민들에게 돌아가는 이익을 자기의 공적으로 여기지 않고, 국민들이 잘살게 된 것을 자기의 힘으로 생각하지 않는다. 그러므로 나라를 안정시키고 지속적으로 발전시키는 것은 생각을 어떻게 하느냐에 달려 있다.

비천한 사람은 존귀한 사람을 섬기고, 어리석은 사람은 현명한 사람을 섬기게 된다. 존귀한 사람이 그 존귀함을 이룰 수 있었던 까닭은 그 존귀함으로 비천한 사람을 섬겼기 때문이다. 현명한 사람이 그 현명함을 이룰 수 있었던 까닭은 그 현명함으로 어리석은 사람을 섬겼기 때문이다. 추함은 아름다움을 채워주고, 비천함은 존귀함을 채워주며, 천함은 귀함을 채워주는 바탕이 된다. 그러므로 훌륭한 지도자들은 이것을 소중하게 여겼다.

많고 적음만으로 계산하지 말고, 무겁고 가벼움만으로 평가하지 말며, 길고 짧음만으로 헤아리지 말라. 이 세 가지에 밝지 못하면 최고의 성공을 이룰 수 없다. 경계할 수 있는가? 근신할 수 있는가? 숨겨둘 수 있는가? 기장을 심어서 기장을 거둬들일 수 있는가? 보리를 심어서 보리를 거둬들일 수 있는가? 봄에 곡식의 싹이 나오지 않았는데, 여름에 김매고 가을에 거둬들일 것이 있는가? 최고지도자들은 사람들의 사고와 생활 태도를 존중하였다. 그리하여 이웃에 있는 다른 공동체와 선린우호 관계를 맺고, 덕으로써 조직구성원들을 화합하게 하였다.

지도자가 편안하기만을 좋아한다면 몸을 망치고 그 나라를 그르치게 되어 위태롭다. 덕행이 부족함에도 불구하고 국민을 끌어안으려는 지도자는 위태롭다. 법질서만 정비하고 관리나 참모, 지식인을 천시하는 지도자는 위태롭게 된다. 지도급 인사가 자신의 임무를 아랫사람에게 시켜 놓고 오래도록 일이 수행되지 않음을 파악하지 못했다면 위태롭다. 재물을 많이 쌓아 두고서도 이것이 썩을 때까지 국민들에게 베풀지 않는 지도자는 위태롭다.

사람에게 세 가지의 명분이 있다. 하나는 잘 다스리려는 정치욕이고, 다른 하나는 남보다 못할 때 느끼는 수치심이며, 마지막으로는 일하려는 마음이다. 일에 두 가지의 명분이 있다. 하나는 바르게 함이고 다른 하나는 잘 살피는 것이다. 정치욕, 수치심, 일하려는 마음, 바르게 함, 잘 살핌 등 다섯 가지 명분을 심사숙고하면 나라를 잘 다스릴 수 있다. 명분이 바르면 다스려지고, 명분에 치우치면 어지럽게 되며, 명분이 없으면 죽게 된다. 그러므로 훌륭한 지도자들은 명분을 중시하였다.

매일 매일 걱정 근심을 줄여 나가는 바탕은 자기충실에서 온다. 매일 매일 걱정 근심을 더하는 것은 개인적 욕심에서 온다. 자기충실에 최선을 다하고 개인적 욕심을 줄이는 것은 지혜로운 작업이다. 그것은 지도자를 모시고 있는 관리나 참모들이 실천해야할 도리다. 관리나 참모가 되어 국가에 아무런 기여도 하지 않고, 국가는 재정적으로 허덕이고 지도자는 가난하게 생활하는데, 개인적으로 재산을 늘리고 높은 관직을 차지하여 부귀를 누린다면 이는 국가적 대죄이다. 국가에 아무런 기여도 없으면서 관리나 참모가 높은 관직과 부귀를 누리는 국가에서 어찌 훌륭한 인재를 존경하여 모실 수 있겠는가?

과거 훌륭한 지도자들은 명예와 치욕을 중시했다. 명예와 치욕은 자신의 행위에 달려있다. 훌륭한 지도자들은 세상을 대할 때에 개인적인 애정과 미움이 없다. 때문에 착한 일을 행하는 사람에게는 복이 주어지고 나쁜 짓을 행하는 사람에게는 재앙이 있게 되니, 복과 재앙은 그 사람의 행위에 달려 있다. 그러므로 훌륭한 지도자들은 올바른 행위를 중시하였다.

상벌을 분명히 하고, 요행으로 이루어지는 일을 없애며, 법집행을 정확하게 하여 갑작스럽게 시행하지 않아야 한다. 상벌을 분명하게 처리하면 덕망이 정치에 드러난다. 그러므로 훌륭한 지도자들은 상벌을 분명하게 처리하는 것을 중시하였다.

세상을 운영하고 관리하는 길은 광대한 것이어서 최고지도자라야 제대로 쓸 수 있다. 사랑할 것을 사랑하고 미워할 것을 미워하면 세상이 안정될 수 있다. 사랑하는 것과 미워하는 것에 대해 지나치게 처리한다면 세상은 반드시 막히고 만다. 곡식을 재는 되나 말이 넘치면 평미래로 밀어내고 사람의 언행이 넘치면 하늘이 이를 덜어낸다. 그러므로 훌륭한 지도자들은 가득 채우지 않는다.

관자의 명언

유기즉생 무기즉사
有氣則生 無氣則死
유명즉치 무명즉란
有名則治 無名則亂

기운이 있으면 살고 기운이 없으면 죽는다.
명분이 있으면 다스려지고 명분이 없으면 어지럽게 된다.

11. 계절의 순환과 리더십

도는 세상을 낳고 덕은 현인을 낳는다.

도는 덕을 낳고 덕은 바름을 낳고 바름은 일을 낳는다.

그러므로 훌륭한 지도자가 세상을 다스릴 적에

막히면 돌이켜보고 다 되면 다시 시작한다.

도생천지 덕출현인
道生天地　德出賢人

도생덕 덕생정 정생사
道生德　德生正　正生事

시이성왕치천하
是以聖王治天下

궁즉반 종즉시
窮則反　終則始

사시
—「四時」

자연은 하나의 법칙과 질서로 진실 자체이다. 거짓말을 하지 않는다. 사계절의 순환은 정직하다. 『춘추번로春秋繁露』「사시지부四時之副」의 언급처럼, 봄은 따뜻하므로 만물을 태어나고, 여름은 더우므로 만물을 길러주고, 가을은 시원하게 하여 만물을 시들게 하고, 겨울은 추우므로 만물을 감추게 한다. 계절의 순환에 따라 그에 맞는 적절한 대처가 있듯이, 지도자의 언행은 조직 공동체와 구성원을 향해 바르고 곧아야 한다.

『관자』 제40편 「사시四時」는 그 비유를 체계적으로 보여준다.

관자의 기록

환공: 지도자가 진정으로 현명하고 지혜로운지 어떻게 알 수 있는가?

관중: 사람을 쓰는 데 신중하고 진실한 것에 대하여 잘 살피며, 남의 말을 경청한다. 능력 있는 사람을 기용하는 것을 현명하다고 하고, 진실한 것에 대하여 살피고 남의 말을 경청하는 것을 지혜롭다고 한다. 진실로 현명하고 지혜로운 지도자에게는 자연스럽게 보상이 주어진다. 능력 없는 사람을 기용하는 것을 어둡고 어리석다고 하는데, 어둡고 어리석은 지도자는 가만히 두어도 벌을 받게 된다. 그러므로 지도자가 어떤 일이 이루어진 것을 보고 그 공적을 소중하게 여긴다면, 조직구성원들은

열심히 일하면서도 고생스럽다고 생각하거나 잔꾀를 부리지 않는다. 지도자가 공적을 보고도 별 것이 아니라고 여기면 아랫사람들은 불만이 쌓이게 된다. 그러다가 감정에 따라 행동하기를 주저하지 않는다.

지도자의 정치적 행위를 사계절의 기운에 따라 응용할 수도 있다.

봄기운은 사물의 생장을 촉진하는 일과 연관된다. 그 덕은 기쁨으로 가득 차게 하고, 만물을 때에 맞게 자라게 한다. 이때 지도자는 다음과 같은 행위를 하면 좋다.

첫째, 처음 시작하는 마음으로 어린 고아들과 같은 어려운 처지의 사람들을 보살피고 죄인을 사면한다.

둘째, 만물이 소생하는 시점에 맞추어 적절한 자리에 적절한 인사를 배치한다.

셋째, 겨울에 얼었던 땅이 풀리듯이, 떠돌아다니며 노숙하는 사람들을 안정시킨다.

넷째, 험난한 곳을 평평하게 만들고 사회 곳곳의 비뚤어진 부분을 바로잡는다.

다섯째, 이제 막 태어난 동물 새끼를 잡지 않고 식물의 새싹이나 꽃을 꺾지 않는다.

이런 자연의 정황을 포착하여 정책을 펴면, 봄비가 때에 맞게 내리듯이 정치가 제대로 이루어진다.

여름은 만물이 무럭무럭 자라듯이 은택을 베풀고 즐거움을 닦는 시기와 맞물린다. 그러므로 지도자는 다음과 같은 행위 를 하면 이롭다.

첫째, 열심히 노력하여 공적이 있는 사람을 찾아 기용한다.

둘째, 비축해 놓은 자금을 풀어 국민들의 생활을 안정시킨다.

셋째, 밤늦게 다니지 못하게 하고, 대낮에 외출할 때 지나치게 사치스럽게 다니지 않도록 지도한다.

넷째, 국민이나 공동체 조직을 위해 봉사하고 희생한 사람을 조사하여 상을 준다.

다섯째, 잘 자라고 있는 짐승을 마구 잡거나 이제 막 날아다니는 새를 잡지 않는다.

이런 정책을 펴면 여름비가 때에 맞게 내리듯이 정치가 제대로 이루어진다.

가을은 수확을 하는 계절이다. 이런 시절의 특징은 우아하면서도 슬프고, 고요하면서도 알차며, 장엄하면서도 따스하다. 그러므로 지도자는 다음과 같은 행위를 하면 이롭다.

첫째, 도박을 엄금하고 사소한 시비나 말다툼, 원망에 의한 싸움이 없도록 한다.

둘째, 군대를 지나치게 옹호하여 국방력을 높이지 않도록 한다.

셋째, 외국의 투자자들을 신중하게 대하고 자금을 비축한다.

넷째, 자금 비축을 관리할 국가 기관을 점검한다.

다섯째, 각 단체마다 한 해의 실적을 점검하며, 지출을 적절히 조절한다.

이런 정책을 펴면 오곡이 모두 잘 수확되듯이, 좋은 실적을 거둘 수 있는 정치가 제대로 이루어진다.

겨울은 추운 계절인 동시에 다음해를 준비하는 생명력을 저장하는 시기이다. 그 특징은 얌전하면서도 뛰어나며, 온화하면서 남을 배려하며, 자세하면서도 엄밀하다. 그러므로 지도자는 다음과 같은 행위를 하면 이롭다.

첫째, 고아나 독거노인, 노숙자와 같은 불쌍한 사람들을 보살핀다.

둘째, 추운 시기에 맞는 일을 기획하고, 능력에 맞게 직위를 부여한다.

셋째, 국가의 예·결산을 수립하고 미래의 국가 자원 운용을 기획한다.

넷째, 국법 질서를 어긴 범죄자를 잡고, 범인을 신고하거나 잡은 사람에게 상을 준다.

다섯째, 여기저기 떠돌아다니는 않도록 국민 복지 정책을 시행하고, 불법 입국자들을 제한한다.

이런 정책을 적절하게 펴면, 겨울에 비유되는 정치는 과실이 적고, 국민들이 바라는 것을 얻을 수 있으며, 싫어하는 것은 피할 수 있다.

계절의 특성으로 볼 때, 만물이 소생해야 하는 봄에 시들시들하거나, 여름에 서리나 눈이 오거나, 가을에 무성하게 자라거나, 겨울에 장마가 올 듯이 천둥 번개가 치는 일 등은 모두 자연의 질서를 해치는 것이다. 정치도 마찬가지다. 법질서 운용과 경제적 보상, 복지 정책 등 민생 문제를, 계절을 뒤바꾸어 시행하고 그 순서를 잃어버리면, 정치 실패를 맛볼 수밖에 없다. 정치 실패를 거듭하면 나라가 혼란스러워지고 재앙이 발생한다. 때문에 훌륭한 지도자는 때에 맞추어 정책을 시행한다.

자연의 법칙이 자연을 질서 있게 운행하는 원리이듯이, 아름다운 덕은 훌륭한 지도자를 배출하는 기초이다. 훌륭한 덕은 바른 행위의 바탕이 되고 바른 행위는 좋은 일을 하는 근원이 된다. 그러므로 지도자가 훌륭한 덕과 바른 행위로 일을 하는 데 인색할 경우, 자신을 돌이켜보지 않으면 안 된다.

계절에 비유하면 덕은 봄에 시작하여 여름에 자란다. 형벌은 가을에 시작하여 겨울에 전개된다. 덕을 베푸는 일과 형벌을 집행하는 일이 때에 적절하면 봄 – 여름 – 가을 – 겨울이 정상적으로 운행하는 것과 같다. 그렇지 않다면 정치는 계절이 거꾸로 가는 것에 비유할 수 있다. 계절의 순환질서처럼 정책이 시행되면, 그 지도자의 정치는 제대로 시행되고 공적도 오래 간다. 자연의 법칙처럼 정치적 도의에 부합하지 않는 지도자는 망하게 되어 있다. 국가나 단체, 공동체 조직은 계절의 순환처럼 때에 맞게 행해야 할 정책이 있고, 이를 제대로 집행하는 것은 지도자의 몫이다.

관자의 명언

窮則反(궁즉반) 終則始(종즉시)

막히면 돌이켜보고 다 되면 다시 시작한다.

12. 지도자의 전략

잘 다스리는 지도자는 권력과 이익의 차원에서
구성원들이 자연스럽게 편안함을 누리게 한다.
밀지 않아도 가고 끌지 않아도 오며
괴롭히거나 어지럽지 않게 하여
구성원들이 저절로 잘 살게 한다.

善者(선자) 勢利之在而民自美安(세리지재이민자미안)
不推而往(불추이왕) 不引而來(불인이래)
不煩不擾(불번불요) 而民自富(이민자부)
_「禁藏(금장)」

지도자는 오케스트라의 지휘자처럼 공동체를 꾸리고 이끌고 지속하는 데 온 힘을 쏟는 존재이다. 그러기에 조직 통치에 관한 독자적인 전략과 전술을 지녀야 리더십을 제대로 발휘할 수 있다. 『여씨춘추』에는 최고지도자인 천자天子의 직무를 다음과 같이 기록하고 있다.

이 세상에 최초로 만물을 생기게 한 것은 자연이다. 그것을 길러서 자라게 만드는 것은 사람이다. 자연스럽게 생긴 만물을 기르고 자라게 하되, 그 생성의 도를 어긋나게 하지 않는 일은 최고지도자인 천자의 책무이다. 그러므로 최고지도자의 행위는 자연의 법칙에 따라 생성된 만물의 본성을 온전하게 하는 것을 근본 임무로 삼는다. 이를 원활하게 하기 위해 참모들을 배치한다.

이를 인간에게 적용하면, 최고지도자는 공동체 조직과 구성원들의 본성, 그들이 자신의 재능에 따라 맡은 일들을 온전하게 실현할 수 있도록 해야 한다. 여기에 중간관리자나 참모, 각종 부서별 팀장의 역할이 중요하다.
『관자』 제53편 「금장禁藏」은 이와 같은 지도자의 조직 통치 원리와 전략에 대해 자세하게 설명한다.

관자의 기록

지도자는 해야 할 일과 하지 말아야 할 일을 가슴 깊이 헤아릴 수 있어야 한다. 그래야 재앙을 미리 예방할 수 있다. 재앙을 이기는 길은 자신을 잘 헤아리고 다른 사람을 아는 데서 시작한다. 예컨대 추운 겨울에는 음식물에 얼음을 띄우지 않고, 더운 여름에는 음식물에 뜨거운 것을 쓰지 않는다. 이는 겨울에 얼음을 아끼기 위해서도 아니요, 여름에 불을 아끼기 위해서도 아니다. 단지 철에 따라 우리 몸에 맞는 것이 무엇인지 헤아리기 때문이다.

훌륭한 지도자가 저택을 아름답게 꾸미지 않는 것은 간소하고 누추함을 좋아해서가 아니다. 유행하는 음악을 듣지 않는 것은 음악을 싫어해서가 아니다. 그것이 조직구성원들의 생활에 지장을 주고 구성원들의 교육에 부정적 영향을 미치기 때문이다. 따라서 지도자는 먼저 자신을 엄격하게 다스린 후에 참모들에게 엄격함을 요구할 수 있다. 참모들은 자신을 엄격히 한 후에 여러 구성원들에게 올바른 생활을 하라고 요구할 수 있다.

지도자는 조직구성원들을 그들이 좋아하는 곳에 살게 해야 한다. 그들이 이롭다고 생각하는 일에 종사하게 해야 한다. 그들이 좋다고 생각하는 일을 칭찬하고 그들이 싫어하는 것을 벌

주어야 한다. 그들이 사용하고 남은 재물을 윗사람들이 빼앗아서는 안 된다. 그들이 착한 일을 하고 공을 세웠을 때는 그것을 기록해 주어야 한다.

그러기에 훌륭한 지도자는 저택을 검소하게 하고 자동차를 간소하게 하여, 그 여력으로 조직의 재정을 비축한다. 이럴 경우 조직은 반드시 부유해지고 지도자의 지위는 존귀해지게 마련이다. 분수에 맞게 의복을 입고 쓸데없는 취미 생활을 즐기지 않고 일에 힘쓴다면 조직의 재정은 반드시 넉넉해지고 조직체의 모든 식구들은 편안한 생활을 할 수 있다. 낭비를 줄이고 이익이 나지 않는 일들을 분석하면서 경쟁 관계에 있는 조직들과 협력하고, 상생을 모색하면 협력업체들이 많아질 것이며, 서로 간의 관계도 원만해질 것이다.

별 볼일 없는 지도자의 경우, 대개 사소한 이익에 유혹되어 자신의 힘을 다 써 버린다. 그러므로 항상 곤궁하여 넉넉하지 못하다. 크게는 자신이 지도하는 조직을 잃을 것이요, 작게는 자신의 몸을 위태롭게 만든다.

정치의 성패는 지도자에게 달려 있다. 조직을 잘 다스리는 지도자는 어려운 상황에서 사람들을 잘 구해주고, 이로운 상황으로 이끌고 간다. 이런 지도자는 재물은 많고 과실은 적게 된다. 이익을 보면 구하려고 하고 어려움을 당하면 피하려고 하는 것이 보통 사람들의 심정이다. 예컨대 상인들은 아무리 먼 곳이라도 밤낮을 가리지 않고 장사를 하러 간다. 이유는 이익을 많이 낼 수 있기 때문이다. 어부가 깊은 바다에서 높은 파도와 마주하며 고기를 잡는 것은 바다에 이익이 있기 때문이다. 이처럼 이익이 있는 곳이라면 천 길이나 되는 높은 산이라도 올라가지 않는 곳이 없고, 아무리 깊은 물 속이라도 들어가지 않는 곳이 없다.

요컨대, 조직을 잘 다스리는 지도자는 이익을 도모할 수 있고 힘이 있는 자리에서 구성원들이 스스로 편안함을 느낄 수 있게 한다. 즉 떠밀지 않아도 갈 사람은 가고 이끌지 않아도 올 사람은 오게 만드는 것과 같은, 진정으로 구성원들을 흔들리지 않게 하고 부유하게 만든다. 이는 닭이 알을 품었을 때, 어떤 소리도 내지 않고 다른 짓도 하지 않으면서, 때가 되면 병아리를 까는 것과 같다.

관자의 명언

불추이왕 불인이래
不推而往 不引而來
불번불요 민자부
不煩不擾 民自富

훌륭한 지도자는 밀지 않아도 가고 끌지 않아도 오며
괴롭히지 않고 어지럽지 않게 하여 구성원들이 저절로 잘살게 한다.

13. 복지 정책과 경영의 원칙

명분에 의거하여 실제를 살피고
실제에 비추어 명분을 설정하라.
명분과 실제는 서로에게 생명력을 부여하고
돌이켜 서로 뜻을 담는다.
명분과 실제가 부합하면 다스려지고
부합하지 않으면 어지러워진다.

修名而督實(수명이독실) 按實而定名(안실이정명)
名實相生(명실상생) 反相爲情(반상위정)
名實當則治(명실당즉치) 不當則亂(부당즉란)
_「九守(구수)」

관중은 죽음의 문턱에서 친구 포숙의 추천에 힘입어 제나라 환공의 최고 참모가 되었다. 그리고 제나라에 들어온 지 40일만에 아홉 가지 시혜 정책을 다섯 번이나 행하였다. 이른바 '국가의 복지정책' 이다. 이는 제나라 부국강병의 초석이 되었다.

조직의 지도자가 이런 정신을 근본으로 정책을 펼칠 때, 조직의 안정과 성장을 이룰 수 있다. 그러므로 복지를 위한 배려 정신은 한 사회의 지도자를 양성하는 교육에서 필수적인 교육내용이 되어야 한다. 사람을 사랑하고 배려하는 일상적 차원이 자연스럽게 몸에 배도록 지도성의 기초 이론에 포함해야 한다. 그리고 실질적인 정책을 펴기 위해 지도자는 관리 경영의 원칙을 준수해야 한다.

그것은 『관자』 제54편 「입국入國」과 제55편 「구수九守」에 다음과 같이 요약되어 있다.

관자의 기록

지도자의 관리 원칙

첫 번째, 어른을 어른답게 모시는 일

두 번째, 어린이를 사랑하는 일

세 번째, 고아들을 돌보는 일

네 번째, 장애인들에게 복지를 베푸는 일

다섯 번째, 홀로 된 사람들을 혼인시키는 일

여섯 번째, 병든 사람들을 위문하는 일

일곱 번째, 곤궁한 사람들을 보살피는 일

여덟 번째, 경기가 어려울 때 민생고를 해결하는 일

아홉 번째, 공동체에 기여한 유공자들을 보살펴주는 일

모든 조직은 어른을 어떻게 모셔야 하는지 규칙을 둘 필요가 있다. 조직구성원의 부모가 연로하시면 생활 형편에 따라 적절하게 지원해주는 제도적 장치가 필요하다. 어린이를 사랑하는 일 또한 제도적 장치 마련을 통해 고민해야 한다. 조직구성원 중 자식이 어리고 나약하여 기르는 데 애로 사항이 있는 경우, 세금 면제는 물론 다양한 지원책을 강구해야 한다. 고아들을 돌보는 작업도 매우 중요하다. 어린 시절에 부모가 모두 사망한 경우, 아이가 자력으로 살아가기에는 한계가 있다. 이때 주변의 조직구성원 중 누군가가 그들을 부양한다면, 그들을 격려하고 선행을 칭찬하며 보상해 주어야 한다. 홀로 된 과부나 홀아비, 병든 사람, 곤궁한 사람, 민생고에 시달리는 사람, 공동체에 기여한 유공자 등 도움을 필요로 하는 모든 구성원들에게 기본적인 삶의 질, 이른바 기초 생활을 보장해 주어야 한다.

이러한 실질적인 정책을 도모하기 위해 지도자는 철저하게 관리 경영의 원칙을 준수하고 전략을 고민해야 한다. 그것이

『관자』 제55편 「구수九守」에 잘 담겨 있다.

첫째, 지도자는 자신의 자리에서 여유로우면서도 조용하게 일을 처리하고, 부드럽게 자신의 절개를 굳게 정하며, 마음을 비우고 뜻을 고르게 하여 적절한 기회를 기다려야 한다.

둘째, 눈으로는 분명하게 보아야 하고, 귀로는 명확하게 들어야 하며, 마음은 지혜로움을 간직해야 한다. 세상 사람들의 눈으로 보면 다 볼 수 있고, 세상 사람들의 귀로 들으면 다 들을 수 있으며, 세상 사람들의 마음으로 생각하면 다 알 수 있다. 그렇게 하여 여러 방면의 장점들을 집결시켜 일을 추진하면 성공할 수 있다.

셋째, 일을 처리할 때는, 그것에 대해 자세히 살피고 난 후 타인의 의견을 거절하거나 찬동해야 한다. 지나치게 쉽게 찬동하면 원칙을 상실할 수 있고, 너무 가볍게 거절하면 언로가 막힐 수 있다.

넷째, 상벌을 주는 경우, 믿음이 가장 중요하다. 다시 말하면 진실하고 확고한 원칙에 의거해야 한다. 그래야만이 진실은 세상에 퍼지고 신명과 통하며, 간사하고 거짓된 사람들이 드러나게 된다.

다섯째, 우주에 하늘이 있고 땅이 있고 사람이 있듯이, 동서남북 사방과 상하좌우전후를 제대로 살펴야 한다. 그래야 의혹이 적어진다. 다시 말하면 주변의 다양한 존재들에게 심사숙고할 물음을 던져라.

여섯째, 지도자는 참모들을 잘 다스려야 한다. 잘하는 참모에게는 보상을 해주고, 잘못하는 참모에게는 그에 상응하는 처벌을 내려야 한다. 참모들이 어떻게 일하느냐에 따라 보상과 처벌을 적절하게 하면 고생하지 않고 일을 할 수 있다. 최고지도자는 사태에 따라 일을 처리하므로 세상을 장악할 수 있다. 사태에 따라 이치를 따르므로 오래도록 지도력을 발휘할 수 있다.

일곱째, 지도자는 주도면밀하게 기밀을 유지할 수 있어야 한다. 그렇지 않으면 아래에 있던 참모나 간신배들이 치고 올라온다. 조직의 핵심 사업에서 묵묵하게 어떤 단서도 노출하지 않고 안과 밖을 서로 통하지 않게 하면, 조직구성원들이 함부로 말할 수 없다. 즉 조직 관리 운영의 핵심 노하우를 개방하지 않으면 좋게 말하거나 나쁘게 말할 수 있는 근원처가 없게 된다.

여덟째, 눈으로는 먼 곳에 있는 것까지 보고, 귀로는 먼 곳에 있는 것까지 들으며, 사물을 밝게 살펴야 한다. 다시 말하면 세상에 대한 철학과 관점, 이른바 조직 경영철학을 수립해야 한다. 천리 밖의 상황과 쉽게 간파할 수 없는 은미한 것들을 분명하게 인식하고, 허위로 꾸며진 것들을 통찰하면 재난을 미리 막을 수 있다.

아홉째, 명분에 의거하여 실제를 살피고 실제에 비추어 명분을 설정해야 한다. 명분과 실제는 서로에게 생명력을 부여하고 돌이켜 서로 뜻을 담는다. 명분과 실제가 부합하면 다스려지고, 부합하지 않으면 어지러워진다. 명분은 실제에서 생기고, 실제는 덕에서 생기며, 덕은 이치에서 생기고, 이치는 지혜에서 생기며, 지혜는 명분과 실제가 서로 부합하는 데서 생긴다.

지도자의 경영 원칙 아홉 가지

1. 자리를 확인하라
2. 분명하게 인식하라
3. 살피고 판단하라
4. 상벌을 조절하라
5. 자문에 철저하라
6. 원인을 밝혀라
7. 기밀을 보호하라
8. 관점을 확보하라
9. 명실에 부합하라

관자의 명언

명실당즉치　부당즉란
名實當則治　不當則亂

명분과 실제가 부합하면 다스려지고 부합하지 않으면 어지러워진다.

14. 언로와 소통

먼저 시작하려고 하지 말고 새로 만들려고 하지 말라.

때가 되면 자연스럽게 따라서 행하라.

개인적으로 좋아하고 싫어함에 근거하지 말라.

공정성을 해칠 수 있다.

구성원들이 싫어하는 것을 잘 살펴서

스스로 경계로 삼으라.

물창물작 시지이수
勿創勿作 時至而隨
무이사호오 해공정
毋以私好惡 害公正
찰민소오 이자위계
察民所惡 以自爲戒
환공문
__「桓公問」

민주주의는 토론 문화에서 활성活性을 얻는다. 민주적 방식의 한 특징은 쌍방 의사소통을 원활히 하여 서로를 이해하는 작업이다. 『관자』는 환공의 물음에 관중이 답하는 형식을 기본으로 한다. 즉 환공의 정책 자문에 관중의 지혜가 적극적으로 스며드는 대화 양식이다. 이는 유가에서 요임금이나 순임금이 자신에게 충고해 준 사람에게 고맙다고 절을 했다는 예화와도 통한다.

관중은 최고지도자를 향해 간절히 충고하며 권고한다. 그리고 참모들 간의 정책 토론, 상호 의사소통 방식을 제안한다. 그것이야말로 지도자의 훌륭한 언행을 낳는 요인이라고 보기 때문이다. 묻고 또 물어라! 그리고 구성원들이 요구하는 바가 무엇인지 귀 기울여라! 이것이 조직 운영의 기초이다.

교육에서도 학생과 교사의 의사소통은 교육의 성패를 가름하는 핵심 요소이다. 묻고 듣고 답하고, 또 묻고 듣고 답하는 과정에서 교사와 학생은 배려라는 새끼 꼬기를 통해 진리를 빚어낸다.

『관자』 제56편 「환공문桓公問」에 그런 단편적인 대화가 생생하게 그려져 있다.

관자의 기록

환공: 가진 것은 잃지 말아야 하고 얻은 것은 잊지 말아야 한다는 것이 내 생각이오. 이렇게 할 수 있는 방법이 있겠소?

관중: 남보다 먼저 시작하거나 새로 만들려고 하지 말고, 때가 되면 그에 따라 적절히 행하십시오. 개인적 감정에 치우치거나 그에 따라 행해서는 안 됩니다. 그렇게 하면 공정성을 해칠 수 있습니다. 국민들이 싫어하는 일이 무엇인지 잘 살펴서 스스로 경계해야 합니다. 예전에 훌륭한 지도자들은 어진 선비를 찾기 위해서 수렴청정을 하기도 했고, 사람들이 많이 다니는 네거리에 집을 짓고 여러 제도에 대해 물어보기도 하는 등 국민들의 비판적 의견을 수렴하기 위해 많은 노력을 했습니다.

환공: 그런 훌륭한 지도자들의 행위를 본받고 싶소. 그런데 그런 제도를 무엇이라고 하면 좋겠소?

관중: '토론식 의사소통 제도' 라는 말이 제격입니다. 법제도를 간명하게 만들면 실행하기 쉽습니다. 법집행을 철저히 하면 범법 행위가 줄어듭니다. 정책이 복잡하지 않으면 국민들이 따르기 쉽습니다. 세금을 적게 부과하면 국민들이 스스로 살아갈 재원을 쉽게 마련할 수 있습니다. 사람들은 지도자의 잘못된 정책을 비난합니다. 그래서 참모들이 토론을 통해 의사결정에 조언을 합니다. 훌륭한 참모는 정책을 올바르게 결정하고 일을 처리할 수 있도록 지도자 앞에서도 서슴없이 충고할 수 있는 사람

입니다.

환공: 좋은 생각입니다.

관자의 명언

찰민소오 이자위계
察民所惡 以自爲戒

구성원들이 싫어하는 것을 잘 살펴서 스스로 경계로 삼으라.

15. 지도자와 참모

자리에 처해서는 의리를 생각하고
말할 때는 방책을 고려하며
행동을 통해 일에 전념한다.

나라를 다스리면 부유하게 만들고
군대를 지휘하면 승리하고
어려운 일에 임해서는
죽더라도 후회하지 않는다.

居處則思義(거처즉사의) 語言則謀謨(어언즉모모)
動作則事(동작즉사)
居國則富(거국즉부) 處軍則克(처군즉극)
臨難據事(임난거사) 雖死不悔(수사불회)
—「四稱(사칭)」

리더십을 발휘하기 위해서는 지도자를 보좌하는 참모의 역할이 매우 중요하다. 지도자 개인의 자질과 능력도 중요하지만, 그것은 훌륭한 참모에 의해 조직적으로 완성된다.
『관자』 제33편 「사칭四稱」 편에 그것이 구체적으로 담겨 있다. 나는 훌륭한 지도자인가? 의로운 참모인가?

관자의 기록

환공: 과인은 어리석고 우매하여 나라를 다스리는 원리를 제대로 깨우치지 못했습니다. 그대는 나에게 훌륭한 지도자의 모습이 어떤 것인지 깨우쳐 주시오. 그러면 그것을 거울로 삼겠습니다.

관중: 제가 잘하는 부분과 그렇지 못한 부분을 공께서 모두 다 알고 계신데, 어찌 제게 말하라고 하십니까?'

환공: 제발 그러지 말고 말씀 좀 해 주시오.

관중: 옛날 훌륭한 지도자는 참모들에게 기여 정도에 따라 보상해 주었습니다. 그들이 능력을 충분히 발휘할 수 있도록 배려했습니다. 훌륭한 지도자가 앞에 있으면 곧고 염치 있는 인사가 측근에서 보좌하여 올바른 일을 행하여 잘 다스렸습니다. 그리하여 법질서가 잡히고 국민이 걱정없이 잘 살게 되었습니다. 국내외적으로 안팎으로 골고루 조화롭고 편안하여 특별히 경쟁할

필요가 없었습니다.

환공: 아름다운 모습이군요. 그렇다면 별 볼일 없었던 지도자는 어떤 모습인지요? 이 또한 내가 거울로 삼겠소.

관중: 지금 공께서는 너무나 현명하시어 정치에 통달하였습니다. 이미 정치에 밝으신데 무엇 때문에 나쁜 지도자의 행동에 대해 듣고자 하십니까?

환공: 무슨 말씀이십니까? 붉은 색을 붉은 색 위에 두면 어떻게 그것의 아름다움이나 다른 색과 구별됨을 알겠소이까? 소박한 것을 소박한 것에 근거하여 말한다면 어찌 그것의 좋음을 알겠습니까? 그대가 지금 나에게 훌륭한 지도자의 모습은 말해주면서 나쁜 지도자상을 말해주지 않으면, 어찌 훌륭한 지도자가 그렇게 되는지 알 수 있겠소?

관중: 옛날에 별 볼일 없는 지도자들은 저택을 크게 짓고 어진 참모를 쓰지 않았습니다. 그리고 아첨하는 인간들을 물리치지 않고 그들과 함께 했습니다. 나라를 다스릴 생각은 하지 않고, 다른 사람의 힘을 빌려 어떻게 하면 자신이 편안할까에 신경 썼습니다. 이런 지경이니, 올바른 정책이 제대로 펼쳐지겠습니까?

사회가 이렇게 밤과 같이 어두우니, 야수가 멋대로 횡행하는 것 같고, 피차간에 의사소통이 되지 않습니다. 자신의 본분을 잊고 세상에서 들려오는 충고나 비판의 목소리에 귀 기울이지 않았습니다. 결국에는 사람들이 원망하고 저주하게 되므로 멸망을 재촉할 수밖에 없었습니다.

수시로 악사들을 불러 놓고 음악을 즐기며 도박과 유희에 빠져서 오락을 즐겼습니다. 훌륭한 참모의 건의는 배척하고 여자들과 놀아나고 끊임없이 취미생활이나 즐기며 사회의 존경 받는 어른들을 포학하게 대우했습니다. 행위가 방종하여 절도가 없고 농담이나 지껄였습니다.

정책을 시행한다고 해도 베푸는 것이 공정하지 못하고 형벌은 가혹했습니다. 대내적으로는 국민들에게 가혹한 세금을 부과하고, 그것을 대외로 진출하는 밑천으로 삼았습니다. 마치 솥바닥에 구멍이 뚫어져 물이 새는 것과 같은데, 어찌 국민들이 힘을 다하겠습니까? 이것이 옛날 무지막지한 지도자의 모습입니다.

환공: 잘 알겠습니다. 그러면 이번에는 옛날 훌륭한 참모에 대해 말씀해주시오. 내가 거울로 삼겠소.

관중: 옛날 훌륭한 관리나 참모는 자신을 낮추어 공손한 태도로 임했습니다. 지도자가 알아주면 참모가 되어 보좌하고, 알아주지 않으면 그만두었습니다. 나라에 일이 있으면 반드시 국가를 위해서 자기의 힘을 충분히 발휘하였습니다. 전통적 미덕에 따라 올바른 일과 그릇된 일을 구별하고 훌륭한 사람을 추천하여 도와주었습니다. 의리로 지도자를 모시고 예의로 부하 직원들을 대하며, 귀한 사람이건 천한 사람이건 관계없이 모두 친하

게 지내며, 나라에 충성을 다하였습니다. 조용히 지낼 때는 올바른 일을 생각하고 토론을 할 때는 정치의 방책을 고려하고, 일을 하게 되면 어떻게 할 것인지 원칙을 세웠습니다. 그렇게 하니, 나라는 부강하게 되고, 어려운 상황에서는 설사 죽더라도 후회하지 않았습니다.

지도자 보필에서는 가까이 있건 멀리 떨어져 있건 변함없이 보좌하며, 예의염치에 맞게 일을 처리하였습니다. 자신의 업무와 관련해서는 최선을 다하고, 먹을 것이 있으면 사람들이 골고루 혜택을 받을 수 있게 하였습니다. 그리고 지도자를 비방하지 않으면서 올바른 사안에 대해서는 직언直言을 숨기지 않았습니다. 지도자에게 잘못이 있으면 반드시 충고하고 조언하며, 지도자에게 걱정 근심이 있으면 참모로서 반드시 그것을 해소할 수 있도록 노력하였습니다. 이런 자세가 옛날 훌륭한 관리나 참모에게서 드러나는 모습입니다.

환공: 잘 알겠소. 옛날 훌륭한 참모의 모습을 말해 주셨으니, 이제 나쁜 참모의 모습에 대해서도 한 말씀 해주시오. 내가 거울로 삼겠소.

관중: 옛날 나쁜 관리나 참모들은 뇌물을 바쳐 된 경우가 많았습니다. 겉으로 볼 때, 지도자는 물론 그 측근들까지도 공경히 받들어 출세의 발판으로 삼았습니다. 그들의 입맛에 맞는 말을 통해 승진에 힘쓰고 앞으로 나아가기만을 구할 뿐 뒤로 물러서

지 않았습니다.

지도자의 참모를 핑계로 권력을 휘둘렀습니다. 돈과 재물을 좋아하고 명예로운 지위나 신분을 가벼이 여겼으며, 지도자의 참모로 보좌할 때는 좋은 말로 하다가 뒤에서는 비난하여 지도자의 명예를 더럽히고, 책임 있는 말을 하지 않았습니다. 어질지 않은 패거리들과 함께하여 훌륭한 사람들을 공격하고, 권세 있는 사람 보기를 값진 재물처럼 쫓아가고, 권세 없는 사람 보기를 지나가는 동물 보듯이 소홀히 했습니다. 재물과 뇌물을 탐하고 술과 음식을 다투며, 착한 사람과 어울리지 않고 자기를 섬기는 사람과 어울렸습니다. 오만하여 공손하지 않으며, 훌륭한 학자들과 사귀지 않고 아첨하고 알랑대는 부류들과 몰려다녔습니다.

사람들 사이에서는 끊임없이 분쟁을 일으키며 소송에 휘말리고, 음주와 향락에 빠져서 행동거지와 용모가 단정하지 않았습니다. 전통적인 규범을 존중하지 않고 정해진 법규를 뜯어고치며, 멋대로 법령을 만들어 지도자를 혼란스럽게 했습니다. 권세에 의존하여 나라의 정책을 좌지우지했어요. 훌륭한 관리나 참모들을 버리고 시정잡배들을 끌어들였습니다. 조직의 위계질서를 함부로 넘나들고 조직 밖에서는 개인적인 패거리를 만들었습니다. 재화와 뇌물을 주고받으며 서로 통하고 술과 음식으로 서로 친근해지니, 모두 지도자를 어지럽힌 것입니다. 뿐만 아니라 지도자에게 잘못이 있으면 충고와 조언을 할 생각은 않고 각자 자기 몸보신에 정신이 없었습니다. 이런 자세로 지도자를 보좌하는 자들을 나쁜 참모라고 합니다.

환공: 잘 알겠소이다.

관자의 명언

居處思義(거처사의) 語言謀謨(어언모모) 動作則事(동작즉사)

자리에 처해서는 의리를 생각하고 말을 할 때는 방책을 고려하며 행동을 통해 일에 전념하라.

16. 인사의 원칙

덕이 두터운데 지위가 낮음을 지나친 것이라 하고

덕이 엷은데 지위가 높음은 잘못된 것이라 한다.

군자에 대해 지나침이 있을지언정

소인에 대해 잘못되지는 말아야 한다.

군자에 대해 지나침이 있으면 그 원망이 적고

소인에 대해 잘못됨이 있으면 그 재앙이 크다.

덕 후 이 위 비 자 위 지 과
德厚而位卑者謂之過
덕 박 이 위 존 자 위 지 실
德薄而位尊者謂之失
령 과 어 군 자 이 무 실 어 소 인
寧過於君子而毋失於小人
과 어 군 자　기 위 원 천
過於君子　其爲怨淺
실 어 소 인　기 위 화 심
失於小人　其爲禍深
입 정
__「立政」

사람들은 흔히 말한다. "인사人事가 만사萬事다"고. 그렇다. 사람을 어떻게 쓰느냐에 따라, 조직의 흥망이 판가름 나는 경우가 허다하다. 『여씨춘추』(卷 3)에서는 지도자가 인물을 분별하는 방법을 간단하게 제시한다.

사람을 판단할 때 다음과 같은 기준을 활용하라.

첫째, 막힘없이 트인 사람의 경우, 그가 예의로 대우하는 상대방을 보라.

둘째, 존귀하고 출세한 사람의 경우, 그가 추천하는 인물을 보라.

셋째, 돈이 많은 부자의 경우, 그가 돌보아 주는 사람이 어떤지를 보라.

넷째, 의견을 들려주는 사람의 경우, 그의 실제 행동을 보라.

다섯째, 무사태평한 상황에 처해 있는 사람의 경우, 그가 좋아하는 것을 보라.

여섯째, 좀 익숙하고 친한 사람이 되었을 경우, 그의 말과 행동을 보라.

일곱째, 곤궁에 처한 사람의 경우, 그의 결벽을 보라.

여덟째, 신분이 낮은 사람의 경우, 그가 행하지 않는 것이 무엇인지 보라.

그리고 사람을 기쁘게 하여 그가 지키는 것을 살피고, 즐겁게 하여 그의 성격과 버릇을 살피며, 성나게 하여 그의 절조를 살피고, 두렵게 하여 스스로 믿는 마음을 살피며, 슬프게 하여 그의 애정을 살피고, 괴롭게 하여 그의 지조를 살핀다. 이렇게 자세히 살피면 그 사람이 어느 정도 현명한지 파악할 수 있다.

『관자』 제4편 「입정立政」에도 사람 기용에 관한 키포인트가 열거되어 있다.

관자의 기록

지도자가 살펴야 할 것에 세 가지가 있다.

첫째, 관리나 참모의 인간됨이나 도덕성이 그 지위에 부합하는가?

둘째, 보수 수준이 조직의 기여도와 맡은 역할에 적합한가?

셋째, 능력과 복무 자세, 책임이 그 지위에 적절한가?

이 세 가지 근본은 조직을 다스리는 근원이다. 그 조직이 국가라면, 도덕성이 정부 차원에서 검증되지 않은 사람에게 높은 지위를 부여해서는 안 된다. 동시에 능력이나 기여도가 검증되지 않은 사람에게 많은 보수를 주어서도 안 된다. 또한 국민들의 신임을 받지 않은 인사에게 큰 일을 담당하는 고위직을 맡겨서도 안 된다. 도덕적으로 검증되었음에도 불구하고 낮은 지위를 부여한 것은 너무 신중한 탓이고, 도덕적으로 문제가 있음에도 불구하고 높은 지위를 부여한 것은 인사 검증 절차에 지나치게 소홀히 한 것이다.

중요한 것은 도덕적으로 검증된 훌륭한 인사에 대해 신중하게 처리할지언정, 도덕성에 문제가 있는 소인배들의 검증 절차에 소홀히 하여 잘못된 인사를 하지 말아야 한다. 훌륭한 인사를 발탁하지 못했을 경우에는 국민들의 원망이 적을 수 있으나, 조무래기나 소인배 같은 사람을 잘못 등용하면 국민들에게 돌아가는 재앙이 너무나 크다.

그러므로 국가 조직에서 도덕성이 정부 차원에서 검증되지 않은 사람에게 높은 지위를 부여한 경우 훌륭한 장관이나 총리가 나오지 않는다. 능력이나 기여도가 검증되지 않은 사람에게 많은 보수를 주게 되면 제대로 기여하는 관리나 참모가 추천되지 않는다. 국민들의 신임을 받지 않은 인사에게 큰 일을 담당하는 고위직을 맡기면, 재주 있고 유능한 인재를 발탁할 수 없다.

이 세 가지 인사 원칙을 지키면, 어떤 사람도 함부로 자리를 요구하지 못한다. 반대로 원칙을 생각하지 않으면 약삭빠르거나 아첨하는 무리들이 요직을 차지하고 위엄을 부리게 된다. 이럴 경우 지도자의 지도력은 위에서부터 막혀 아래에 이르지 못하며, 바른 정치는 실종되고 그릇된 정책이 날로 늘어난다. 세 가지 원칙을 지키면 아첨하는 무리가 고위직에 앉아 위엄을 부릴 일이 없고, 법질서가 어지럽혀지는 일이 없으며, 고아나 과부, 노숙자와 같은 어려운 사람들은 골고루 복지 혜택을 받을 수 있다.

요컨대, 법질서가 반듯해지고 국가 정책은 간결해져 정부나 자치단체는 쓸데없이 많은 일자리를 만들 일이 없게 된다.

관자의 명언

과어군자 기위원천
過於君子 其爲怨淺
실어소인 기위화심
失於小人 其爲禍深

훌륭한 지도자에 대해 지나침이 있으면 그 원망이 적고
조무래기에 대해 잘못됨이 있으면 그 재앙이 크다.

17. 조직 유지의 원칙

세상에 관리자가 없음을 걱정하지 말고

관리자를 적절히 쓰는 지도자가 없음을 걱정하라.

세상에 재물이 모자람을 걱정하지 말고

재물을 만들고 나누어 쓸 인물이 없음을 걱정하라.

천 하 불 환 무 신
天下不患無臣

환 무 군 이 사 지
患無君以使之

천 하 불 환 무 재
天下不患無財

환 무 인 이 분 지
患無人以分之

목 민
__「牧民」

사람과 짐승은 다르다. 그것은 본능의 차원이 아니라 생각할 줄 아는 능력을 발휘하여 나름대로 살아갈 수 있는 약속 체계를 만들어 놓았다는 점에서 그렇다. 그 약속의 체계는 도덕, 도리, 삶의 원칙 등 다양한 이름으로 불린다. 그 중 대표성을 띠는 것이 예의염치禮義廉恥다.

이것의 출처가 바로 『관자』 제1편 「목민牧民」이다. 「목민」에는 다음과 같이 기록되어 있다.

관자의 기록

조직 유지를 위해서는 최소한 네 가지 강령을 지켜야 한다. 이 중 하나가 없어지면 그 조직은 기울어진다. 두 가지가 없어지면 위태로워진다. 세 가지가 없어지면 전복된다. 네 가지가 없어지면 망한다. 조직이 기울면 바로잡을 수 있고, 위태로우면 안정시킬 수 있으며, 전복되면 일으켜 세울 수 있다. 그러나 망하면 다시 재건할 수 없다.

네 가지 핵심은 예禮, 의義, 염廉, 치恥이다.

예는 절도를 넘지 않는 행위이다. 의는 온갖 수단을 동원하여 관리가 되기를 구하지 않는 바른 행위이다. 염은 잘못을 은폐하지 않는 행위이다. 치는 그릇된 것을 따르지 않고 부끄러워할 줄 아는 행위이다.

그러므로 절도를 지키면 지도자가 편안하게 생각하고, 스스로 나아가기를 구하지 않으면 국민들이 교활하거나 속이지 않으며, 잘못을 은폐하지 않으면 행실이 저절로 온전해지고, 그릇된 것을 따르지 않으면 사악한 일이 벌어지지 않는다.

또한 「목민」에서는 조직 유지의 핵심 사항과 아울러 조직 유지의 법칙을 자세하게 예시해 놓았다.

첫째, 조직구성원들을 보물로 여겨라.

지도자가 조직구성원을 다루는 관건은 어떻게 구성원을 소중하게 생각하는가에 달려 있다. 조직구성원을 인도하는 문은 지도자가 소중하게 생각하는 것에 달려 있고, 구성원을 부르는 길은 지도자가 좋아하고 싫어하는 것이 무엇인지에 달려 있다. 그러므로 지도자가 구하면 참모나 구성원도 그것을 구하려 하고, 지도자가 즐겨 먹으면 참모나 구성원들도 그것을 먹으며, 지도자가 애호하면 참모나 구성원도 그것을 좋아하고, 지도자가 싫어하면 참모나 구성원들도 그것을 싫어하여 숨긴다.

둘째, 잘못을 덮어두거나 제도를 임의로 고치지 말라.

조직이나 구성원들의 잘못을 덮어두고 조직의 규정이나 제도를 임의로 고치면, 훌륭한 참모나 재능 있는 구성원들이 지도자를 도와주지 않는다. 담당부서별로 논의하여 의사소통이 이루어지면 그 부서의 모든 구성원들이 그것을 따르고, 기관별로 논의하여 합당한 결론이 도출되면 그 기관의 모든 사람들이 그것을 따를 때, 조직은 체계적이며 지도자는 훌륭하다고 말할 수 있다.

셋째, 조직 경영과 위기 관리의 정도를 유지하라.

보안과 경호가 잘 되어 있다고 조직을 보호할 수 있는 것이 아니다. 단순히 국방이 튼튼하다고 해서 나라를 지킬 수 있는 것은 아니다. 국토가 넓고 재정이 넉넉하다고 해서 국민들의 마음을 사로잡을 수 있는 것은 아니다. 국가를 비롯한 조직의 위기 관리 능력을 체득한 지도자만이 환란이 발생하기 전에 미리 예방할 수 있다. 때문에 조직에 재앙의 싹이 트지 않는다.

넷째, 적재적소에 인재를 발탁하라.

어떤 조직이건 잘 들여다보면 훌륭한 인재가 많다. 인재가 없다고 한탄하기보다 인재를 제대로 알아보고 적절히 쓸 줄 아는 지도자가 없다는 점에 유의해야 한다. 조직에 재정이 넉넉하지 않음을 걱정하지 말고 재정을 공정하게 운영할 인물이 없다는 점을 걱정해야 한다. 그러므로 업무 능력이 뛰어난 사람을 기용하고, 사심이 없는 사람을 고위직에 임용해야 한다. 업무를 제대로 파악하고 인재 등용에 밝으며 관리나 참모를 적재적소에 기용할 수 있는 사람은 지도자로서 충분한 자질을 갖추었다.

다섯째, 업무처리를 합리적으로 실천하라.

너무 둔하게 일처리를 하면 업무 수행이 늦어진다. 조직의 재정 운용에서 지나치게 인색하면 조직 발전을 도와줄 사람마저도 잃어버린다. 아첨을 잘하는 소인배를 신임하면 도덕성을 갖춘 인재를 잃게 된다.

관자의 명언

불환무재
不患無財
환무인분
患無人分

세상에 재물이 모자랄까 걱정하지 말고
재원을 개발할 인물이 없음을 걱정하라.

18. 조직 진단

법을 만들어 명령을 내리고

국민에게 적용하여 부릴 때

위엄과 은혜가 그들에게 시행되는지

그들에게 시행되지 않는지를 헤아리면

그 나라가 홍할지 망할지를 알 수 있으리라.

치법출령 임중용민
置法出令 臨衆用民
계위엄관혜 이행어기민
計威嚴寬惠 而行於其民
불행어기민 이흥폐지국가지야
不行於其民 而興廢之國可知也
팔관
—「八觀」

공동체 조직의 리더, 혹은 리더가 되려는 사람은 그 조직의 속성과 특징을 실제적으로 관찰하고 장악해야 한다. 그래야 온전하게 조직을 이끌 수 있다.

『관자』 제13편 「팔관八觀」에서는 조직을 파악하는 구체적인 방법을 자세하게 일러준다.

관자의 기록

조직 파악의 방법

하나, 사무실이나 영업장에 가서 업무 수행과 성과를 살펴보면 그 조직이 빈곤한지 부강한지를 알 수 있다.

둘, 조직의 본부나 중심부에 들어가 사무실의 규모나 시설 투자 현황을 관찰하면 그 조직이 사치스럽게 낭비하는지 검소한 생활을 하는 곳인지를 알 수 있다.

셋, 조직의 사업이 부진할 때 구성원들의 생활 상태를 파악하고 조직의 재정 상황을 계산하면 내실이 있는 조직인지 공허한 조직인지를 알 수 있다.

넷, 조직의 각 부서나 팀에 들어가 근무 여건과 분위기, 구성원들의 교육 훈련 상황을 들어보면 제대로 관리·운영되는 조직인지 체계 없는 조직인지를 알 수 있다.

다섯, 조직 지도자의 측근들을 보고, 인재 등용과 인사 관리

체제가 어떤지를 살펴보면 강한 조직인지 약한 조직인지를 알 수 있다.

여섯, 조직의 규정과 규칙이 조직구성원들에게 제대로 지켜지고, 지도자의 권위와 위엄, 사랑과 은혜가 잘 베풀어지는지 아닌지를 관찰하면 그 조직이 흥할지 망할지를 알 수 있다.

일곱, 경쟁 조직과 협력 조직을 파악 지도자의 뜻을 헤아려 조직이 추구하는 핵심 사업을 살펴보고, 조직구성원들의 생산 능력이 풍부한지 부족한지를 관찰하면 조직이 성공할지 실패할지를 알 수 있다.

관자의 명언

위엄관혜 행민흥국
威嚴寬惠 行民興國

위엄과 은혜가 국민에게 시행되면 그 나라는 잘살게 되리라.

19. 지도자의 위엄

자연의 질서에 따라 은덕을 베풀면
멀리 있는 사람들도 저절로 모여들고
인위적으로 일을 처리하면
친근했던 사람들도 원망하게 된다.
자연이 빚어낸 만물은 사람에게
자연의 질서를 따르는 자는 공을 이루게 하고
자연의 질서를 거스르는 자는 벌을 받게 한다.

천도지극 원자자친
天道之極　遠者自親
인사지기 근친조원
人事之起　近親造怨
만물지어인야
萬物之於人也
순천자 유기공
順天者　有其功
역천지 회기흉
逆天者　懷其凶
형세
_「形勢」

지도자는 도덕성과 따스한 마음으로 조직구성원들을 품어야 한다. 동시에 위엄 있고 믿음직한 태도를 보여야 한다. 지도자가 구성원들을 편안하게 해주지 않으면, 구성원들도 지도자를 걱정해주지 않는다. 지도자가 구성원들을 잘살게 해주지 않는다면 구성원들도 지도자와 조직을 위하여 목숨을 걸고 희생하려 들지 않는다. 지도자의 은혜와 덕망이 구성원들에게 베풀어지지 않으면 구성원들도 희생적인 봉사를 하지 않는다.

『관자』 제2편 「형세形勢」의 내용은 지도자의 마음 씀씀이가 따스함과 위엄의 양 날개, 이중인화二重印畵임을 강조한다.

관자의 기록

인간의 길, 삶의 길은, 그 말은 하나이지만 그 적용이나 응용은 다양하다. 인간의 올바른 길을 듣고서 집안을 잘 다스리는 사람은 한 집안의 가장이고, 마을을 잘 다스리는 사람은 한 마을의 이장이며, 나라를 잘 다스리는 사람은 한 나라의 지도자이다. 인간의 올바른 길을 듣고서 세상 만물을 편안하게 다스리는 사람은 우주 자연의 법칙을 터득한 가장 훌륭한 사람이다.

인간의 올바른 길을 고민하지 않는 지도자에게 사람들은 모이지 않는다. 일반적으로 사람들은 올바른 길을 제시하며 실천하는 지도자를 떠나지 않는다. 올바른 길이 베풀어지는 조직이나 그 구성원들은 이전의 체질을 변화시킬 수 있으며, 조직이 위태로움에 처하면 서로 더불어 화합할 수 있다.

한 조직의 지도자가 되려면, 인간 삶의 올바른 양식을 지녀야 한다. 인간이 올바른 길을 터득하고 실천하면 모든 일이 순리에 따라 이루어진다. 반대의 경우, 최고지도자의 자리에 올랐다고 하더라도 편안할 수가 없다. 인간의 올바른 길을 터득하고 실천하면서 조직을 이끄는 경우, 모든 일이 자연스럽게 순리에 따라 진행되고 자신도 알지 못하는 사이에 원하는 일들이 성취된다. 성취한 업적은 자연스럽게 조직구성원들의 공로로 돌아가고, 다양한 혜택이 주어져도 특별히 의식하지 못한다.

이렇듯 모든 실천이나 성과를 내면으로 채우는 태도가 조직이 취해야 할 하나의 길이다. 오늘 일어난 일이 잘 파악되지 않으면, 옛날 일어난 일에 비추어 보고, 미래에 일어날 일이 제대로 파악되지 않거든 오늘의 상황이나 과거의 정황을 살펴보라. 모든 일은 처음 발생한 상황은 다르지만, 깊이 생각해 보면 옛날이나 지금이나 유사한 사태로 귀결되는 역사적 교훈이나 법칙을 발견할 수 있다.

관자의 명언

천 도 지 극 　원 자 자 친
天道之極 　遠者自親
인 사 지 기 　근 친 조 원
人事之起 　近親造怨

이치에 따라 은덕을 베풀면 멀리 있는 사람들도 가까이 모여들고
이치에 맞지 않게 억지로 일을 처리하면 친근했던 사람들도 원망한다.

20. 공동체의 기여와 보상

사람의 감정은 다르지 않다.

그러므로 국민의 감정을 파악하여 다스릴 수 있다.

그들이 좋아하고 싫어하는 것을 살핀다면

그 장점과 단점을 알 수 있다.

그들의 교유 관계를 본다면

어진지 어질지 않는지를 알 수 있다.

이 두 가지를 잃지 않는다면

국민을 파악하여 관리할 수 있다.

인정불이
人情不二

고민정가득이어야
故民情可得而御也

심기소호오
審其所好惡

즉기장단가지야
則其長短可知也

관기교유
觀其交游

즉기현불초가찰야
則其賢不肖可察也

이자불실
二者不失

즉민능가득이관야
則民能可得而官也

권수
—「權修」

사람의 이성과 감정은 별개의 것이 아니다. 지도자가 조직구성원들의 이성과 감정을 잘 파악하여 관리 경영에 적용하면 이롭다. 구성원들이 무엇을 좋아하고 싫어하는지를 살핀다면 그 장점과 단점을 알 수 있다. 또한 그들이 누구와 사귀는지 그 친분 관계를 관찰하면 착한지 아닌지를 파악할 수 있다.

교육에서 이성과 감정을 파악하여 방법적으로 적용하려는 것도 이와 통한다. 교육자는 학습자의 사고와 감성 속으로 들어가 개인의 장단점을 파악하고 그에 맞는 교육을 실천할 때, 좀더 유용한 효과를 발휘할 수 있다. 요컨대, 구성원의 장단점, 선악의 문제를 정확히 인식한다면 조직 관리와 경영을 합리적으로 할 수 있다.

『관자』 제3편 「권수權修」는 조직구성원에 대한 합리적 판단 방법을 고무해 준다.

관자의 기록

조직을 관리 경영하려는 지도자는 반드시 그 조직의 자산 운용을 신중히 해야 하고, 구성원의 동원과 활용 계획을 고민해야 한다. 그들을 보살피지 않는다면 떠나는 것을 막을 수 없고, 그들을 관리하지 않는다면 조직에 있어도 제대로 일을 시킬 수 없다. 외부에서 사람들이 찾아와서 조직구성원이 되고 싶어하고 구성원이 된 후에 떠나지 않는 것은 그들을 잘 길러주기 때문이다. 조직의 숫자가 많은데도 하나같이 일을 시킬 수 있는 것은 그들을 잘 관리하기 때문이다.

옳은 일을 한 사람에게는 칭찬하고 상을 주라. 옳지 않은 일을 한 사람에게는 충고하고 벌을 내려라. 옳은 일을 한 사람에게 칭찬만 하고 보상해 주지 않고, 옳지 않은 일을 한 사람에게 충고만 하고 벌을 내리지 않는다면, 상벌이 객관적이고 적절하게 이행되지 않는 것이다. 이런 상황에서 조직구성원들이 감화되기를 바랄 수 있겠는가! 사랑하고 보상을 충분히 해주면 조직구성원들을 가까이할 수 있고 직업윤리와 예절, 다양한 교양 지식을 터득하게 하면 그들을 훌륭한 조직구성원으로 교육할 수 있다.

내가 개발하지 않은 영역은 나의 것이 아니다. 나의 손에 의해 길러지지 않은 사람은 나의 조직구성원이 아니다. 조직을 책임지는 지도자는 조직에 기여한 공로에 따라 구성원들에게 보상해주어야 한다. 기여한 공로가 많은 구성원에게는 보상이 많아야 하고 기여한 공로가 적은 구성원에게는 보상도 적어야 하며 기여한 공로가 없는 자는 보상하지 말아야 한다.

기여한 공로가 있는데도 보상이 이루어지지 않으면 구성원은 지도자를 신뢰하지 않는다. 기여한 공로가 큰데도 보상이 적으면 구성원들은 힘을 다하여 노력하지 않는다. 기여한 공로가 적은데도 보상이 크게 이루어지면 구성원들 사이에 서로 속이는 일이 많아진다. 기여한 공로가 없는데도 보상이 주어져 그저 받아먹게 되면 구성원이 야박해지고 요행만 바라게 된다. 그리하여 구성원들은 지도자를 믿지 않고 힘을 다하여 노력하지 않으며 속임수를 일삼고 요행만을 바라게 되어, 조직은 결국 성공할 수 없다. 때문에 지도자의 조직 경영 관리의 관건은 능력에 따라 지위를 부여하고 기여도에 따라 보상하는 데 있다.

시골과 서울, 농촌과 도시가 인구의 규모를 다투고, 관공서와 공기업, 민영 기업이 경제적 재화를 다투며, 지방 자치 단체와 중앙 정부가 업적을 다툰다. 농촌과 시골이 피폐해지는 것은 도시나 서울 중심의 정책 때문이고, 관공서나 공기업에 재화가 쌓이지 않은 것은 민영 기업에 자본이 몰려 있기 때문이다. 중앙 정부에 많은 관리들을 등용하지 않은 것은 지방이 분권화되어 잘 다스려지기 때문이다. 그러므로 농촌과 시골이 피폐해지지 않고 관공서에 재화가 쌓이지 않으며 중앙에 많은 관리들을 등용하지 않은 것은 관리 경영의 모범이 될 수 있다.

조직에 장사 거래를 잘하는 사람이 있으면 재화는 위로 흘러들어 간다. 부인이 조직 경영과 관리에 손을 대고 개입하면 상벌이 공정하지 않게 될 수 있다. 지위의 구분이나 업무 분장이 제대로 되어 있지 않으면 구성원들이 염치가 없게 된다. 재화가 위로 흘러들고 상벌이 공정하지 않으며 구성원들이 염치가 없는데, 그들에게 어려운 가운데 안정을 꾀하고 조직을 위해 헌신하라는 것은 어불성설이다.

조직의 본부나 지도자를 모시는 부서가 엄숙하지 않고, 부서 간 업무 성격이 명확하지 않으며, 지위에 따른 절도가 없고, 조직 규정이나 규범이 분명하지 않은데, 구성원들이 지도자의 조직 운영 방침을 존중할 것을 바라서는 곤란하다. 지도자가 술수를 부리고 구성원들을 이간시키면서, 그들의 일시적 쾌락만을 즐기게 한다면 구성원들이 질시하고 원망할 것이다. 이러고서도 구성원들이 지도자를 가까이하기를 바라서는 곤란하다.

관자의 명언

人情不二(인정불이) 審其所好惡(심기소호오) 觀交游(관교유) 可得而官(가득이관)

사람의 감정은 다르지 않다. 그들이 좋아하고 싫어하는 것과 그들의 교유 관계를 본다면 파악하여 관리할 수 있다.

21. 조직 운용의 기본 양식

최고지도자가 최고지도자인 까닭은

국민에게 잘 나누어 주기 때문이다.

최고지도자가 국민에게 잘 나누어 주지 않으면

일반 국민과 다름없다.

국가에 일이 있으면 국민에게서 취하지만

일이 없으면 국민에게 되돌려 주니

최고지도자만이 국민들에 대한 사업을 잘 맡을 수 있다.

성인지소이위성인자
聖人之所以爲聖人者
선분민야
善分民也
성인불능분민
聖人不能分民
즉유백성야
則猶百姓也
유사즉용
有事則用
무사즉귀지어민
無事則歸之於民
유성인위선탁업어민
唯聖人爲善託業於民
승마
—「乘馬」

억지로 조직을 경영하려고 애쓰지 않으면서도 잘 운영하는 사람은 최고지도자가 될 수 있다. 최선을 다하여 관리하면서 자만하지 않고 겸손하게 운영하는 사람은 지도자가 될 수 있다. 자만하지 않고 겸손한 태도는 지도자의 자질이자 도리이다. 조직과 지도자를 소중하게 여기면서도 조직의 규율과 법도에 지나치지 않는 것이 중간관리자와 참모들의 길이다.

이런 도리에 기초하여, 『관자』 제5편 「승마乘馬」에서는 국토, 정부, 시장, 자본의 운영을 합리적으로 조직하는 경영의 주요 방책을 담고 있다.

관자의 기록

국토는 국가 정치의 근본이다. 국토 운용 계획을 잘 세우면 정치를 바르게 할 수 있다. 국토가 공평하고 조화롭게 관리되지 않으면 정치를 바르게 할 수 없고, 정치가 바르지 않으면 국민의 생산 활동을 추동하기 어렵다. 국토 운용을 바르게 하려면 국토의 실제상황을 바르게 알고 있어야 한다. 그리하여 길고 짧음이나 작고 큼에 관계없이 모두 바르게 되어야 한다. 국토 운용이 바르지 않으면 자치 단체의 관리가 바르게 되지 않고, 자치 단체의 관리가 바르지 않으면 지역민들의 생산이 원활하지 않고, 생산이 원활하지 않으면 경제의 활성화가 이루어지지 않아 재정이 풍족하지 않게 된다.

정부는 법에 따라 국가를 관리 경영한다. 정부 고위직과 관리직의 지위가 법질서에 맞으면 국민이 원망하지 않는다. 국민이 원망하지 않으면 나라가 어지럽지 않다. 능력에 따라 지위가 맞지 않으면 나라가 잘 다스려지지 않는다. 그렇다고 국민들 모두를 고위층에 둘 수는 없다. 왜냐하면 국민 각자는 제각기 맡은 일이 있다. 그런데 모두 고위층에 둘 경우 각 분야별 생산물을 창출할 수 없고, 고위층에서 국민을 다스릴 수 없기 때문이다. 그러므로 지위의 고하를 분명히 구분하고, 선후와 귀천의 의미를 알게 하여, 적절한 법도에 따라 다스림을 행해야 한다.

시장은 재화를 창출하는 경제의 중심지다. 시장은 재화를 유통하는 핵심 장소다. 모든 재화가 용도에 맞게 되면 부당한 이익이 생기지 않고, 부당한 이익이 생기지 않으면 온갖 일이 잘 이루어진다. 온갖 일이 잘 이루어지면 모든 물자의 쓰임이 절도 있게 된다. 따라서 각 재화의 생산은 사려 깊은 생각에서 나오고 노력을 다할 때 성취되며 오만한 경우 실패한다. 깊이 생각하지 않으면 재화가 생산되지 않고, 노력을 다하지 않으면 성취되지 않으며, 오만하지 않으면 실패하지 않는다. 이런 점에서 시장의 활성화는 그 나라의 안정과 혼란, 물자의 다소를 알 수 있게 하는 기준이다.

자본(돈, 황금)은 자산 가치의 척도이다. 자본의 축적과 운용을 통해 국가 재정이 사치한지 검소한지를 이해할 수 있고, 사치와 검소의 상황을 알게 되면 모든 쓰임을 적절하게 조절할 수 있다. 그러므로 지나치게 검소하면 생산에 지장을 주고, 지나치게 사치하면 물자를 낭비하게 된다. 지나치게 검소하면 돈의 가치가 낮아지고, 돈의 가치가 낮아지면 생산이 잘 이루어지지 않아 생산 활동에 지장을 초래한다. 지나치게 사치하면 돈의 가치가 높아지고, 돈의 가치가 높아지면 물가의 가치가 낮아지게 되므로 물자를 낭비하게 된다. 물자를 낭비한 뒤에 부족함을 알거나 왕성한 생산 활동으로 재화가 남음을 알았다면 이는 국가 재정 운용을 적당하게 조절하지 못한 것이다.

관자의 명언

위성인자 선분민야
爲聖人者 善分民也

가장 훌륭한 지도자는 국민에게 잘 나누어 준다.

22. 자문의 유용성

나라를 다스리는 길은
덕망을 우선시해야 한다.
임금과 신하 사이의 예절
부모와 자식 사이의 관계
모든 사람에 대한 보호와 양육
조정과 관청에 저장된 재화
강한 군대의 육성과 국가 보위
성곽의 견고함
사방 각지로 통하게 하는 일은
지도자가 해야할 것들이다.

이 국 지 도　지 덕 위 수
理國之道　地德爲首
군 신 지 례　부 자 지 친
君臣之禮　父子之親
복 육 만 인　관 부 지 장
覆育萬人　官府之藏
강 병 보 국　성 곽 지 험
强兵保國　城郭之險
외 응 사 극　구 취 지 지
外應四極　具取之地
문
—「問」

조직의 지도자는 자문을 통해 좀더 부강한 조직을 만들 수 있다. 자문하기 전에 깊이 고려해야할 기본 원칙이 있다.
『관자』 제24편 「문問」에는 자문의 원칙과 내용을 적시하고 있고, 제18편 「대광大匡」에 관중이 환공을 보좌하며 자문하는 모습을 볼 수 있는데, 이는 자문의 하이라이트다.

관자의 기록

자문을 하기 전에 지도자는 조직관리에 충실해야 한다.

첫째, 덕망 있고 능력 있는 사람에게 그에 맞는 지위를 주면 여러 관리자나 참모들이 의리를 지키리라.

둘째, 조직구성원들에게 절실한 것이 무엇인지 파악하여 보살펴준다면 그들은 조직을 위해 희생하리라.
이렇게 한 후에 조직 발전을 위해 자문해야 한다.
자문은 사회적으로 큰 기여를 한 공로자나 전문가에게 먼저 하고, 정책 시행은 작은 일부터 시작한다(「문問」).

환공이 북쪽의 영지令支를 정벌하고 하부지산下鳧之山을 공격하여 고죽국孤竹國의 지도자를 죽이고 산융山戎을 제압했다. 그리고는 관중에게 자문을 구했다.

환공: 이젠 무엇을 해야 하지요?

관중: 공께서는 복속한 나라의 지도자들을 시켜, 국민들이 먹고살 수 있도록 식량을 비축하게 하십시오. 또 원조를 요청하면 도와주십시오. 이렇게 되면, 정책을 제대로 시행할 수 있습니다.

환공은 복속한 여러 나라의 지도자들에게 반드시 3년 동안 먹을 수 있는 양식을 비축하도록 하고, 그 여력으로 국방력을 갖추게 하였다. 그래도 부족할 때에는 원조를 요청하라고 하고 도움을 주었다.

환공: 일러준 대로 시행했소. 이제는 무엇을 해야 하오?

관중: 공께서 복속시킨 나라의 지도자와 참모, 부모와 자식 사이의 관계가 정상적인지 살피십시오. 그것이 파악되면 정책을 시행할 수 있습니다.

환공: 어떻게 살펴야 하지요?

관중: 복속한 나라의 지도자들이 자기 마음대로 첩妾을 처妻로 삼거나, 참모를 함부로 내치거나, 조직 발전에 기여가 없는 사람에게 멋대로 상을 주거나, 부정하게 비자금을 조성하는 일 등이 없어야 합니다. 이와 같은 부정부패 방지법을 지속적으로 시행하면 제대로 다스릴 수 있습니다.

이에 환공은 부정부패 방지법을 제정하여 시행하였다. 1년쯤 지나자 기강이 서서히 잡히기 시작했다.

환공: 이제는 무엇을 해야 하오?

관중: 정책을 하나씩 펼쳐갈 때입니다. 정책을 지속적으로 펴나가십시오. 2년쯤 지나면 국민들의 생활은 안정될 것이고, 도덕적이고 지혜롭게 될 것입니다. 나라의 중책을 맡아 3년 동안 일했는데도 잘한다는 소리를 듣지 못하면 벌을 주어야 마땅합니다. 지도자가 잘못이 있는데도 참모가 조언하지 않고, 훌륭한 사람들이 있는데도 추천하지 않았다면 그에 상응하는 문책이 필요합니다. 그리고 국민들의 생활상이 어떠한지 파악하여 어질며 효성스럽고 우애 있는 모범적인 사람에게 상을 내려야 합니다.

환공이 제나라 지도자가 된 지 19년이 되던 해, 각종 세금 징수를 완화하였다. 특히, 곡식으로 세금을 거둘 경우, 땅이 얼마나 비옥하고 척박한지, 그 정도를 고려하였다. 또한 풍년이 든 해와 평년작 수준의 해, 흉년이 든 해의 세금을 달리하고, 기근饑饉이 든 해에는 세금을 부과하지 않았다. 국민들 가운데 선행을 행하거나 사회적 기여도가 높은 사람은 표창을 하였다.

이외에도 각 부서별로 업무 분장을 철저히 하고 맡은 본분에 충실하여 국가 기강이 서게 되었다. 환공은 관중의 지속적인 자문과 조언 덕분에 42년 동안 제나라를 통치하면서, 당대 최고의 국가로 만들었다(「대광大匡」).

관자의 명언

이국지도 지덕위수
理國之道 地德爲首

나라를 다스리는 길은 세상의 덕망을 우선시하는 것이다.

23. 공동체 구성원의 본분

최고지도자가 계획하면 참모가 지키고

참모가 계획하면 관리들이 지키며

관리가 계획하면 국민들이 실천한다

여기에 부절과 인새, 법전과 협적으로 서로 헤아린다.

이는 공도를 밝히고 허위를 없애는 방법이다.

주화지 상수지
主畵之 相守之
상화지 관수지
相畵之 官守之
관화지 민역지
官畵之 民役之
즉우유부절인새전법협적이상규야
則又有符節印璽典法筴籍以相揆也
차명공도이멸간위지술야
此明公道而滅姦僞之術也

군신
_「君臣」

조직 운영의 기본 원칙이 제대로 지켜지고, 리더십이 구성원들에게 베풀어지고 호응 관계를 이루면, 그 공동체는 지도자_참모_구성원이 혼연일체가 되어 순탄하게 움직일 것이다. 그러므로 지도자가 기획하면 참모가 지키고 참모가 계획하면 중간관리자들이 지키고 중간관리자들이 실무 작업을 추진하면 실무 담당자가 실천한다. 이처럼 지도자와 참모, 구성원은 하나의 유기체를 이루어 조직을 지속한다.

『관자』 제30편과 31편 「군신君臣」에는 이런 모습을 구체적으로 알려 준다.

관자의 기록

지도자는 조직의 대체적인 것들을 통솔하고 관리할 뿐 구체적이고 세밀한 내용까지 다루지는 않는다. 참모는 조직 내부의 구체적인 일을 철저하게 다루며 직책 이외의 것에 대하여 언급하지는 않는다. 지도자는 조직 운영의 원칙과 기준을 명백하게 밝혀야 한다. 그래야 참모나 실무를 담당한 사람들이 의심을 하지 않는다. 즉 현명한 지도자는 조직 공동체의 운용 원칙을 마련하여 구성원들에게 제시함으로써 조직을 정돈하고 구성원들을 교육하고 연수시켜야 한다. 그리고 참모는 지도자에게 충심으로 조언하고 부하 직원이나 구성원들에게는 힘을 다하여 바른길로 갈 수 있도록 안내해야 한다. 지도자는 조직 운영의 원칙에 충실하고 참모는 자신의 본분을 충실히 하여 서로 성찰할 수 있는 계기를 마련하여야 한다.

지도자는 조직구성원들에게 덕을 베푸는 존재이다. 조직구성원들은 지도자에게 의탁하여 사는 존재이다. 지도자는 구성원들의 조직 기여도를 헤아려 그에 상응하는 인센티브를 주고, 참모는 자신의 직책에 맞게 본분을 다하여 조직구성원들의 업무와 생활을 보살펴야 한다.

조직 경영 관리가 정상적인 경우, 구성원들은 신명나게 일하고 생산물 창출에 기여하며 그 조직은 활력이 넘치게 된다. 특히, 조직 기여도가 높은 사람에게 후한 보너스를 지급하면, 구성원들은 일하지 않거나 요행을 바라는 삶을 살지 않는다. 징계를 할 경우, 징계 절차가 정당하고 형평성에 어긋나지 않으면 원망하는 마음이 없다. 명분이 정당하면 구성원들은 지도자의 조직 관리 원칙에 이의를 제기하지 않는다.

조직 관리 원칙은 지도자가 구성원들을 인도하는 양식이다. 그러므로 조직 운영의 원칙과 인간적 도덕성은 지도자에게서 나오고, 조직 관리 실무는 참모에 의해 틀이 잡히며, 실제 생산성은 구성원들의 힘에 의거한다. 지도자에게 중요한 것은 조직 운영의 원칙이고, 참모는 지도자를 받들어 조직을 실제로 움직일 수 있는 역량이며, 구성원은 업무에 맞게 성실히 복무해야 한다. 그것이 조직의 건강을 유지하는 길이다.

지도자는 구성원들의 자질을 논의하고 능력을 헤아리며 도덕성을 고려하여 임용해야 한다. 참모는 한결같은 마음으로 지도자 섬김의 본분을 지키고 희생한다는 생각을 하지 말아야 한다. 지도자가 참모들이 담당하는 구체적인 부분까지 살피게 되면 참모들은 책임감을 느끼지 않는다. 참모가 지도자를 대신하여 그 권한을 누리려 하면 지도자는 권위를 잃게 된다. 그러므로 훌륭한 지도자는 도덕성을 잘 간직하여 구성원들을 대할 뿐 자기 능력이나 총명을 뽐내지 않는다. 능력과 총명은 참모가 갖추어야 한다. 지도자는 참모의 능력과 총명을 활용할 뿐이다. 지도자는 자신의 조직 운영 원칙을 제시하고 참모는 자신의 직분을 지켜야 한다. 이렇게 되면, 비록 지도자와 참모의 일이 서로 같지 않을지라도, 융합하여 한 몸이 된다.

지도자는 조직의 모든 것을 장악하여 조직구성원들에게 업무를 부여하는 존재이다. 능력 있는 사람을 선발하거나 평가할 때는 반드시 적절한 기준과 원칙에 의거한다. 훌륭한 참모를 선발한 경우, 가만히 앉아 있어도 흡족한 효과를 얻는다. 무능한 참모를 선발했을 경우, 분주히 돌아다니기는 하지만 성과를 맛보기 힘들다.

이렇게 볼 때, 훌륭한 지도자는 책무를 완수하는 참모를 선발할 수 있는 안목을 지닌 존재이다. 그러므로 지도자는 참모를 두어 그 사람에게 직위를 줄 뿐 자신이 그 직위를 갖지 않는다. 사람들에게 일을 맡길 뿐 자신이 직접 그 일을 도맡지 않으며, 홀로 우뚝 서서 다른 사람의 제약을 받지 않는다.

동시에 지도자는 구성원들의 의견에 대해 일부분만이 아니라 종합하여 청취하고 자신의 지혜를 축적한다. 즉 현명한 지도자는 구성원의 마음을 헤아리고 순응한다. 그러나 모든 의견을 들을 수는 없다. 따라서 참모를 잘 두어 의견을 수렴한다. 지도자와 참모, 그들은 믿음으로 서로를 잇고 착한 일로 서로 통하여 조직을 관리하고 운영해야 한다. 상호소통과 신뢰!

요컨대, 현명한 지도자는 참모를 기용할 때, 그의 장점과 단점을 알고 한계를 이해한 후, 직책을 임명한다. 훌륭한 참모는 지도자가 자신을 임명할 때 자신의 장점과 단점, 역량을 헤아려 직책을 받는다. 지도자가 이런 방식으로 참모를 기르고 참모가 이런 방식으로 지도자를 섬겨서, 지도자와 참모가 서로 정직하게 조직 경영과 관리에 힘을 쏟는다면, 그 조직은 부강하게 될 것이 분명하다.

지도자가 도덕적이지 못하고 법질서를 어지럽히며 개인적 취향에 따라 제멋대로 행동하면 혼란이 일어난다. 참모가 조직의 운영 원리를 마음대로 고치고, 정해진 규칙을 쉽게 바꾸며 교묘한 말로 지도자에게 아첨하면 지도자를 능멸하면서 기어오르게 된다. 혼란은 포악한 짓을 저지르는 바탕이 되고, 지도자에게 기어오르게 되면 배반을 낳는다. 혼란이나 기어오르는 짓, 포악한 행위, 배반, 이 네 가지 중 한 가지라도 생기게 되면 그 조직 공동체는 무너지게 마련이다.

지도자는 여러 참모들을 거느리고 구성원들을 포괄적으로 헤아린다. 그러기 위하여 지도자는 측근 참모들의 화합과 협조를 강조해야 한다. 즉 지도자와 참모들 간의 관계는 하나의 테두리로 묶여져야 한다.

지도자가 구체적인 정책과 사업을 결정하고 시작할 때, 반드시 측근 참모들과 논의를 거쳐야 한다. 본부의 사업 명령은 실제로 느슨한데, 아래로 하달할 때는 시급한 것으로 만들어 서두르기도 한다. 이때 어떤 참모나 중간관리자는 시급하다는 핑계를 이용하여 자기들의 권위를 세우기도 한다. 반대로 본부의 사업 명령은 아주 시급한 일인데, 어떤 참모나 중간 관리자는 이를 시급하지 않은 것으로 임의로 바꾸어 놓고, 실무자들에게 느슨하게 해준 핑계로 그들로부터 모종의 대가를 받기도 한다. 이와 같이 참모들의 힘이 아래 구성원들에게까지 영향을 미치면 지도자는 위태롭다.

현명한 지도자가 위에서 관리 운영을 주도하고 능력 있는 참모가 보좌하면, 조직구성원들은 마음의 안정과 생활의 풍족함을 느끼게 된다. 지도자는 조직 운영의 기본 원칙을 실천하며 먹고살고, 참모와 조직구성원은 힘으로 일해서 먹고산다. 그것이 조직이라는 운명 공동체에 속한 각자의 본분이다.

지도자가 총애하는 자식을 후계자로 정하는 일은 명백하게 금지해야 한다. 그래야 후계자 자리를 놓고 의리를 상하게 하는 싸움이 없게 된다. 아무리 지도자가 개인적으로 사랑하는 자식이라 할지라도, 조직을 경영 관리할 수 있는 자질과 능력, 도덕성을 갖추어야 그에 상응하는 직위를 부여할 수 있다.

참모를 기용할 경우에도 마찬가지이다. 조직에 기여한 공로를 구성원들에게 널리 알리고 도덕성이 갖추어졌는지 살펴야 한다. 업적 평가를 비롯하여, 여러 가지 방법으로 다방면에서, 조직에 적합한지에 대해 두루 자문을 받고, 그의 인간 됨됨이를 보고 확실하게 믿어 주어야 한다. 이런 검증을 거친 후, 기용된 참모는 죽음을 두려워하지 않고 올바르게 충고하고 조언한다. 이렇게 되면 그 조직은 평화롭고 부정부패가 사라진다.

관자의 명언

主畫相守(주화상수)
相畫官守(상화관수)
官畫民役(관화민역)

최고지도자가 계획하면 참모들이 지키고
참모들이 계획하면 실무자들이 지키며
실무자들이 계획하면 구성원들이 실천한다.

24. 잘못된 리더십

한 사람의 다스림과 어지러움은
그 사람의 마음에 달려 있고
한 나라의 보존과 망함은
그 나라의 지도자에 달려있다.
세상을 얻고 잃음이
한 사람에게 달려 있다.
나라가 망하고 가문이 쓰러지는 것은
토지가 없어서가 아니라
행하는 일들이 마땅히 수행해야 할 것이 아니기 때문이다.

일인지치란
一人之治亂
재기심
在其心
일국지존망
一國之存亡
재기주
在其主
천하득실
天下得失
도일인출
道一人出
부망국북가자
夫亡國踣家者
비무양토야
非無壤土也
기소사자비기공야
其所事者非其功也
칠신칠주
_「七臣七主」

어떤 지도자가 객관적이고 공평하게 실천할까? 관중은 일곱 부류의 지도자상을 제시하고 논평하였다. 그 가운데 여섯 유형은 잘못되었고 한 부류만이 옳다는 사실을 알았다. 그리고 그것을 거울로 삼아 득과 실을 고민하였다. 지도자의 유형을 분류한 후, 참모에 대해서도 동일한 양식으로 분류하고 논평하였다.

『관자』 제52편「칠신칠주七臣七主」 편에 그 유형을 정확하게 묘사하고 있다.

관자의 기록

첫 번째 유형: 믿음직한 지도자

믿음직한 지도자는 시대 상황과 추세를 반영하고 필연적 법칙을 지키며 그것을 현재 지켜야 할 법도로 삼는다. 조직 내부의 사정을 두루두루 듣고 신중하게 고민한다. 회계에 밝으면 조직 재정이 안정되고, 상벌을 합리적으로 행하면 구성원들이 따른다. 구성원들의 희생을 강요하지 않고 사랑을 베풀어 구성원과 친밀한 관계를 유지하면 구성원들은 대부분 지도자의 방침을 지지한다.

두 번째 유형: 지나치게 베푸는 지도자

지나치게 베푸는 지도자는 상 주는 일을 남발하고 비축된 조직의 자금을 아낌없이 쓴다. 조직 기여도가 지극히 낮은 사람도 봐주고 과실이 있어도 그냥 대충대충 넘어가며 조직의 기본 규정을 무시하기 일쑤다. 비축된 재정을 다 쓰면 지도자의 권력은 쇠퇴하고, 조직의 기본 규정을 무시하고 느슨하게 시행하면 기강이 무너지고 간악한 무리들이 본심을 드러낸다. 그러므로 베푸는 일이 지나치게 심하면 도리어 패망한다.

세 번째 유형: 법질서를 침해하는 지도자

법질서를 침해하는 지도자는 사악한 일을 행하기 좋아하고, 법질서를 위배하여 스스로를 손상시키며, 어려운 일을 함부로 결단하여 올바르다고 우기기 일쑤다. 사람을 기용하면서도 의심이 많아 몰래 살핀다. 조직 운영에서도 일정한 원칙이나 기준이 없고 주먹구구식이다. 이런 상황을 깨닫지 못하면 그 조직은 체계를 잃게 된다.

네 번째 유형: 음란하고 독선적인 지도자

음란하고 독선적인 지도자는 눈으로는 온갖 아름다운 것을 마음껏 탐닉하고 귀로는 온갖 듣기 좋은 소리를 그리워한다. 주변 참모들의 건의나 조언은 전혀 고려하지 않고, 참모들도 방자하게 행동한다. 따라서 조직을 운영하는 지도자의 권위가 추락한다. 이런 정황을 깨닫지 못하므로 그 해악이 지도자 자신의 몸에 미친다.

다섯 번째 유형: 일에 중독된 지도자

일에 중독되어 수고스럽게 일하는 지도자는 사람 기용과 업무 분장을 제대로 하지 못하여 자신이 직접 세세한 일까지도 맡아서 한다. 이렇다 보니 지도자나 참모, 구성원 사이에 제 각기 임무가 있음에도 불구하고 서로 일에 간여하여 직위의 분별이 없어지고 조직 운영에 혼란이 생긴다. 또한 일과 관련된 형벌을 지나치게 시행하여 구성원들이 늘 불안에 떨고 각박하게 만든다. 그러므로 조직이 혼란에 빠지고, 위태로워져서 조직 유지를 장담할 수 없다.

여섯 번째 유형: 엄격하기만한 지도자

엄격만을 생명으로 하는 지도자는 사람을 두려워 떨게 한다. 즐거워하거나 분노할 때, 일정한 기준이나 원칙이 없고, 형벌만 엄하고, 사면을 하거나 상을 잘 주지 않는다. 참모들도 두려워 떨며 어찌할 바를 모르고, 겉으로는 복종하는 것 같으나 실제 마음은 그렇지 않다. 이를 깨닫지 못하면, 조직의 체계는 날로 무너지고 기초를 잃는다.

일곱 번째 유형: 냉철한 지도자

냉철한 지도자는 자신의 학식이 깊고 넓어서 고금古今을 관통하는 사람으로 생각한다. 때문에 다른 사람에게 의심을 품고 참모를 믿지 않는다. 스스로 모든 일을 처리하므로 일은 많아지고, 끝내 감당하기 어렵게 되어 더욱 냉철해진다. 이런 것이 심화 과정을 거치면 일의 우선순위를 구분하여 처리하지 못한다. 이를 깨닫지 못하면 가만히 두어도 판단력이 흐려지고 여력을 잃으며 함부로 엄벌을 남용하게 된다.

요컨대, 지도자는 조직의 경영과 관리 운영에서 심사숙고하여 조직을 안정시켜야 한다. 참모는 직분에 충실하여 지도자를 보좌하여야 한다. 조직구성원들은 맡은 업무를 다하며 소박하게 생활하여야 한다. 지도자와 참모, 구성원이 화합하고, 조직의 중간 관리자들이 부정부패가 없으며, 지도자의 측근 참모들 중 간신배가 없고, 구성원들 사이에 시기 질투와 다툼이 없게 되어야 조직이 건강성을 확보한다.

건전한 리더십	신뢰감, 상황 파악 능력, 합리적 경제 운용, 법질서 준수, 사랑, 덕
왜곡된 리더십	지나친 사랑, 법질서 침해, 독선적 행위, 세부적인 일까지 직접 처리, 엄격한 처벌, 의심과 불신

또한 일곱 부류의 참모 유형을 헤아려 그 가운데 여섯 유형이 잘못되었고 한 부류만이 옳다는 사실을 지적하였는데, 아래와 같다.

첫 번째 유형: 규정을 신중하게 다루는 참모

조직의 규정을 신중하게 다루는 참모는 정해진 규정에 따라 일을 처리하고 개인적 감정에 따라 사람을 비방하거나 찬양하지 않는다. 지도자가 규정을 중시하면 지도자의 자리가 안정되고 참모가 규정을 지키면 뇌물을 주고받는 일이 없어지며, 구성원들은 부정부패와 연루되는 행동을 하지 않는다. 조직의 규정과 원칙에 근거하여 일을 처리하므로 조직이 공평하고 깨끗하게 관리 운영된다.

두 번째 유형: 잘 꾸미는 참모

잘 꾸미는 참모는 지나치게 명예를 추구하고 자신의 직위와 봉급을 대수롭지 않게 생각하며 고상한 척한다. 허명을 좋아하다보니 실속이 없을 때가 많고 고상한 척하다 보니 일반적인 기준으로 통제할 방법이 없다.

세 번째 유형: 규정을 침범하는 참모

조직 규정을 침범하는 참모는 조직의 규정을 어기고 일할 때에 몰래 살피며 자신의 취향에 맞게 개인적으로 패거리 짓기도 하며 청탁을 할 때도 있다. 개인적인 명예나 감정에 치우치면 조직의 규정이나 운영 원칙이 무너지고, 제재 수단이 있다할지라도 간사한 행동을 금할 수 없다. 이런 조직 풍토에서 지도자가 징계를 심하게 하면 구성원들의 신임을 잃기 쉽다.

네 번째 유형: 아부하는 참모

아부하는 참모는 즐길 수 있는 이벤트를 많이 만들고 미인계를 써서 지도자를 미혹한다. 지도자가 미혹되면 참모들의 건의에 귀 기울이지 않게 되고, 이벤트 행사로 재정만 낭비한다. 지도자가 즐기는 동안 아첨하는 참모는 능력을 인정받아 귀하게 대우 받지만 조직 발전을 위해 충고하거나 조언하는 참모는 눈밖으로 밀려난다. 이럴 경우 지도자는 어두운 가운데 고립된다.

다섯 번째 유형: 어리석은 참모

어리석은 참모는 조직의 기여도가 낮은 구성원들에게 쓸데없이 징계를 심하게 한다. 또한 구성원들을 상대로 기부금이나 공동 회비를 많이 거두어들이는 것을 자랑으로 삼는다. 그 결과 자신은 구성원들에게 미움을 사고 지도자는 비난 받기 일쑤다.

여섯 번째 유형: 간사한 참모

간사한 참모는 조직구성원의 실정을 지나치게 부풀려 설명하여 지도자를 놀라게 하고, 자기 패거리를 옹호하며 반대되는 무리에게 징계를 일삼는다. 자기 패거리의 희망사항을 들어주면서 무고한 사람을 징계하고, 그 다음에는 같은 패끼리 편안히 살려고 한다. 이런 사람들은 다른 사람의 잘못을 좋게 말하여 자신을 믿게 만들고 지도자가 총애하는 측근 참모를 잃게 만든다.

일곱 번째 유형: 어지럽히는 참모

어지럽히는 참모는 스스로 자신의 조직 기여도나 인센티브를 사양하고, 공개적으로 아랫사람에게 많은 보너스를 줄 것을 요청한다. 집에서는 조직의 최고지도자를 비난하고, 조직에 나가서는 지도자를 열렬히 칭송한다. 이처럼 몰래 지도자를 흠집 내지만 조직구성원들은 그것을 알아채지 못한다. 이런 상황은 보이지 않게 지도자를 공격하는 짓이며 조직을 어지럽히는 행위다.

건전한 참 모	규정 준수, 공정성
왜곡된 참 모	포장과 허명, 규정과 원칙 무시, 이벤트성 아부, 부하직원 홀대, 과장과 패거리 형성, 지도자 비난.

관자의 명언

일인치란 재기심
一人治亂 在其心
일국존망 재기주
一國存亡 在其主

한 사람의 다스림과 어지러움은 그 사람의 마음에 달려 있고
한 나라의 보존과 망함은 그 나라의 지도자에 달려 있다.

25. 법의 의미

세상을 다스리려는 사람은

반드시 그 국가의 상황을 신중하게 적용해야 하고

나라를 다스리려는 사람은

반드시 그 국민의 형편을 신중하게 이용해야 하며

국민을 다스리려는 사람은

반드시 그 국민의 힘을 신중하게 다해야 한다.

욕 위 천 하 자
欲爲天下者
필 중 용 기 국
必重用其國
욕 위 기 국 자
欲爲其國者
필 중 용 기 민
必重用其民
욕 위 기 민 자
欲爲其民者
필 중 진 기 민 력
必重盡其民力
권 수
__「權修」

민주주의는 다른 말로 법치주의라고도 한다. 『관자』는 중국 고대 법가의 원형이라고 할 정도로 법체계를 중시했다. 서구의 근대 민주주의와 맞닿은 시민법 체계는 아니더라도, 그 정신은 새겨볼 만하다.

장진판의 『중국법제사中國法制史』에 따르면 관중은 환공의 지지 아래 정치개혁을 단행했다. 밖으로는 '존왕양이尊王攘夷—왕을 존중하고 오랑캐를 내친다' 는—방침을 내걸고 동주東周 왕실의 내란을 진정시켰고, 안으로는 '영순민심令順民心—명령은 민심에 따라 행한다' 는—정책을 실행하고 궤리연향법軌里連鄕法을 제정했다. 그의 사상은 상벌의 남용을 제한하여 백성들과 친밀하게 한다는 정책을 통해, 민심을 장악하고, 보수 세력을 타파함으로써 국가 제도를 확립하려는 의도를 지니고 있었다(張晋藩, 2006: 58~59).

관자는 이러한 법의 정신을 제3편 「권수權修」에 담고, 그 포괄적인 의미를 선포하였다.

관자의 기록

국민을 통치하는 최고지도자는 신중하게 법을 지켜야 한다.

법은 정부의 권위를 세우는 제도적 장치이다. 정부의 권위를 세우기 위해서는 각 부처의 주요 인사 기용을 중시해야 한다. 인사가 제대로 되지 않으면 국민들은 그 직위를 깔보고, 국민들이 직위를 깔보게 되면 지도자는 존엄하지 않게 되고, 지도자가 존엄하지 않으면 명령이 먹혀들지 않는다.

법은 국민들이 자기 자리에서 제대로 일할 수 있게 하는 제도적 장치이다. 국민들이 제대로 일할 수 있게 하려면 봉급과 인센티브를 신중하게 결정해야 한다. 기여도가 낮은 자에게 인센티브가 주어진다면 국민들은 그런 인센티브를 가볍게 생각한다. 그렇게 되면 지도자가 국민들에게 정책을 권장하거나 호소해도 먹혀들지 않는다.

법은 국민들의 능력을 발휘하게 하는 제도적 장치이다. 국민들에게 능력을 발휘하게 하려면 능력에 맞게 직위를 부여해야만 한다. 그렇지 않으면 국민들이 그들의 정치적 행위를 믿지 못한다. 정치적 행위를 믿지 못하므로 대화 창구가 막혀 국민들의 마음이 지도자에게 전달되지 않고, 마침내 국민들은 지도자를 원망하게 되고 지도자의 정책도 먹혀들지 않는다.

법은 국민들의 삶과 죽음을 결정하는 제도적 장치이다. 국민의 삶과 죽음을 결정하는 법은 형벌 집행에서 신중해야 한다.

형벌을 신중히 하지 않으면, 법질서가 견강부회하여 죄없는 사람을 죽이고 죄인을 놓아주게 된다. 그렇게 되면 배반하는 무리들의 무법천지가 되어 법질서가 무너진다.

관자의 명언

重用其國(중용기국) 重用其民(중용기민) 重盡民力(중진민력)

국가의 상황을 신중하게 적용하고, 국민의 형편을 정확하게 이용하며 국민의 힘을 충실히 발휘하게 하라.

26. 법의 위상

나라를 통치하는 데 중요한 도구 가운데
법령보다 중요한 것은 없다.
법령이 중시되면 지도자가 존중받고
지도자가 존중받으면 나라가 안정된다.
법령이 경시되면 지도자가 천시되고
지도자가 천시되면 나라가 위태롭다.
나라를 안정되게 하는 것은 지도자를 존중받게 하는 데 있고
지도자를 존중받게 하는 것은 법령을 시행하는 데 있으며
법령을 시행하는 것은 형벌을 엄숙히 하는 데 있다.

범 군 국 지 중 기
凡君國之重器
막 중 어 령
莫重於令
영 중 즉 군 존
令重則君尊
군 존 즉 국 안
君尊則國安
영 경 즉 군 비
令輕則君卑
군 비 즉 국 위
君卑則國危
고 안 국 재 호 존 군
故安國在乎尊君
존 군 재 호 행 령
尊君在乎行令
행 령 재 호 엄 벌
行令在乎嚴罰
중 령
—「重令」

국가나 조직을 통치하는 핵심은 법령이나 규정의 정당한 운용이다. 법령이나 규정이 중시되는 만큼 지도자도 존중되고 국가나 조직도 안정된다. 반대의 경우, 지도자의 권위는 추락하고 국가나 조직도 위태롭게 된다. 법령이나 규정이 질서 있게 시행되고 그 집행이 합리적이면 모든 관리나 참모들이 신중하지만, 법질서가 흐트러지고 그 집행이 엄격하지 않으면 모든 관리나 참모들이 희희낙락거리며 해이해진다. 그러므로 현명한 지도자는 법에 의한 통치를 가장 중요하게 여긴다.

『관자』 제15편 「중령重令」에 그 내용의 대강이 기록되어 있다.

관자의 기록

지도자가 현명하지 못할 경우, 참모들이 그 법령을 좌지우지할 우려가 있다. 지도자의 고유 권한을 핵심 참모들이 자신의 권위로 삼고 제멋대로 행동한다면, 다른 참모들은 어떻게 생각하겠는가? 희희낙락거리며 법을 가벼이 여길 것이고, 지도자의 권위는 땅에 떨어질 것이다

법령이 공표되었는데도 이를 지키지 않고 지연시키는 자에게 무죄를 선고한다면, 국민들은 법령을 발표한 지도자를 존경하지 않는다. 법령이 공표되었는데도 이를 시행하지 않는 자에게

는 무죄를 선고하고, 오히려 철저히 시행하는 사람에게 죄가 있다고 한다면, 이는 지도자의 법령을 따르지 말라는 것과 같다.

법령이 발표되었는데도 '옳으니 그르니' 하고 논하는 참모들이 있다면 이는 지도자의 권위가 참모들에게 분산된 것이다. 법령의 내용을 멋대로 첨가하거나 삭제하는 자를 벌하지 않는다면 이는 국민들에게 부정한 길을 공개적으로 일러주는 일이다. 이렇게 된다면 약삭빠르고 아첨하는 무리들이 개인적 욕심을 채우는 수단으로 삼을 것이며, 개인적으로 어울리는 무리들이 패거리를 만드는 구실이 될 것이다. 그리하여 탐욕스런 무리들은 이를 발판으로 재산을 모을 것이고, 겁 많고 나약한 무리들은 이를 발판으로 권력층이나 부유층에게 아부할 것이며, 지도자 곁에서 총애를 받거나 허영심에 사로잡힌 자들은 이를 발판으로 명예를 사거나 명성을 이루려고 할 것이다.

먹을 곡식이 부족하면 굶어 죽는 사람이 발생할 수 있으므로 농업을 장려해야 한다. 이런 시기에 장인들에게 공예품이나 만들어 파는 상업을 장려해서야 되겠는가? 옷감이 부족하면 추위에 떠는 사람이 생길 수 있다. 그런데 일부 권력층이나 부유층 여인들이 화려한 옷을 만들어 입으며 서로 명품 자랑이나 해댄다면 어찌 되겠는가?

사람에게 직위를 부여할 때 능력은 헤아리지 않고, 또 봉급이나 인센티브를 줄 때 기여도를 따지지 않는다면 누가 공정하다고 인정하겠는가? 이와 같이, 상황을 거스르고 권모술수나 아첨하는 방법으로 부귀영화를 누리려는 자들을 법질서를 어지럽힌 놈이라고 한다.

국가를 비롯한 모든 조직에는 모범이 되는 관리나 참모, 조직 구성원이 있다. 아울러 모범이 되는 조직 풍토나 분위기가 있고, 핵심이 되는 주요 사업이 있다.

조직의 모범이나 핵심이 되는 관리나 참모, 구성원은 어떤 존재를 말하는가?

첫째, 자신의 능력을 살펴서 직위를 부여받는다.

둘째, 지도자를 속이지 않는다.

셋째, 법령을 엄숙히 지키고 패거리를 만들지 않는다.

넷째, 재능과 힘을 다하며 개인적 이익을 추구하지 않는다.

다섯째, 걱정 근심이 닥쳐도 어려움을 무릅쓰고 죽을 힘을 다해 애쓴다.

여섯째, 봉급이나 인센티브를 받아도 자신의 기여도에 걸맞게 하고, 직위에서도 자기의 능력을 자랑하지 않으며, 실적도 없는데 아무 이유 없이 상을 받지 않는다.

조직의 모범이 되는 풍토나 분위기는 어떤 것인가?

첫째, 좋아하고 싫어하는 것이 지도자의 뜻에 어긋나지 않는다.

둘째, 귀하게 여기거나 천하게 여기는 것이 법령에 어긋나지 않는다.

셋째, 지도자에 대하여 위배되는 일을 하지 않고 조직구성원들에게 영합하는 말을 하지 않는다.

넷째, 사치스런 삶을 누리지 않고 자신의 분수에 벗어난 옷을 입지 않는다.

다섯째, 각 부처나 팀 내에서 행동을 조심하고 조직의 본부에서 결정한 일을 거역하지 않는다.

모범이 되는 주요 사업이란 무엇인가?

농경 사회의 경우, 가축을 기르고 나무를 심으며 농사지을 때를 중시하고 농업에 힘을 다하는 일이다. 아울러 황무지를 개간하고 향락 소비적인 사업을 금지하는 것이다.

모범이 되는 관리나 참모, 조직구성원이 없거나, 모범이 되는 풍토나 분위기, 주요 사업이 없다면, 그 조직체는 생명력을 상실한다. 모범이 되는 관리나 참모가 없으면 아첨하는 무리가 지도자의 측근이 되고 조직 기여도가 없는 무리들이 인센티브를 가로채며, 간사한 무리가 활개를 치고 능력 없는 자가 조직의 핵심부와 통하게 된다. 모범이 되는 풍토나 분위기가 없다면 측근이나 조직구성원들이 순응하지 않아 지도자의 조직 운영 정책이 실행되기 어렵다. 모범이 되는 핵심 사업에 힘쓰지 않으면 창고가 텅 비어 재정이 부족하게 된다.

현명한 지도자는 조직을 관리 운용할 때, 세 가지 방책을 쓴다.

첫째, 명령이다. 명령은 조직구성원 관리의 기초이다.

둘째, 법질서의 확립이다. 법질서가 명확히 확립될 때, 조직구성원들에게 위엄을 보일 수 있다.

셋째, 보상이다. 조직 기여도에 따라 보상해 줄 때 조직구성원들은 격려를 받는다.

지도자는 조직을 관리할 때, 다음의 여섯 가지를 늘 경계하고 조심해야 한다.

첫째, 최측근 참모들

둘째, 가까운 일가친척들

셋째, 재물

넷째, 여색

다섯째, 아첨꾼

여섯째, 애완동물이나 고가의 예술품과 같은 노리개들이다.

관자의 명언

영중군존 군존국안
令重君尊 君尊國安
영경군비 군비국위
令輕君卑 君卑國危

법령이 중시되면 지도자가 존중받고 지도자가 존중받으면 나라가 안정된다.
법령이 경시되면 지도자가 천시되고 지도자가 무시되면 나라가 위태롭다.

27. 법 제정의 원칙

정치를 행하려고 할 때
바르게 지도자의 마음을 심고
비바람처럼 어긋남이 없으며
멀리 가까이 높은 곳 낮은 곳에 관계없이
각각 그 다스림의 혜택을 받게 해야 한다.
기쁘다고 상주어서도 안 되고 화난다고 죽여서도 안 된다.
아름다운 사람을 등용할 때는 그 이룸을 반드시 살펴야 하고
미워하는 사람을 버릴 때는 그 막힘을 반드시 헤아려야 한다.
두루 사랑하여 빠뜨림이 없음을
지도자의 마음이라 한다.

범 장 립 사
凡蔣立事
정 피 천 식　풍 우 무 위
正彼天植　風雨無違
원 근 고 하　각 득 기 사
遠近高下　各得其嗣
희 무 이 상　노 무 이 살
喜無以賞　怒無以殺
거 소 미　필 관 기 소 종
擧所美　必觀其所終
폐 소 악　필 계 기 소 궁
廢所惡　必計其所窮
겸 애 무 유　시 위 군 심
兼愛無遺　是謂君心
관 법
—「版法」

국가를 비롯하여 한 조직을 관리 경영하려면, 최고지도자는 마음을 바로 먹어야 한다. 봄 여름 가을 겨울, 사계절의 변화처럼, 조직 운영상 질서에 어긋남이 없어야 하고, 멀리 있거나 가까이 있거나, 높은 자리에 있거나 낮은 자리에 있거나 관계없이 모든 조직구성원들에게 골고루 혜택을 주어야 한다. 그러기 위해서는 최소한 세 가지 법이 신중하게 제정되고 시행되어야 한다.

그런 원리와 원칙이 『관자』 제7편 「판법版法」에 자세하게 정리되어 있다.

관자의 기록

첫째, 기쁜 일이 생겼다고 즉흥적으로 상을 주거나 갑자기 감정이 폭발하여 벌을 주어서도 안 된다!

기쁜 일로 즉흥적으로 상을 주고 감정 폭발로 벌을 주면, 구성원들 사이에 원한이 생기고 조직의 법령이나 규율이 제대로 지켜지지 않는다. 그럴 경우, 누차 명령을 내려도 시행되지 않고 구성원들의 마음은 조직을 떠나게 된다. 조직에 마음을 붙이지 못하는 사람이 많아지면 화근이 싹튼다. 조직구성원들이 분노한다면 아무리 유능한 소수의 몇몇 조직 관리자들도 어쩔 수 없다.

칭찬받는 사람을 기용했을 때는 그가 어떤 일을 하는지 그 결과를 잘 살피고, 싫은 사람을 해임할 때는 그 일로 인해 생기는 영향력을 고려해야 한다. 힘써 노력하고 믿음직하며 공손한 사람은 칭찬해주고 기여도가 높은 사람에게는 인센티브를 주며 능력 있는 사람에게는 그에 적절한 직위를 주어 소중하게 모신다.

최고지도자의 마음은 조직구성원들을 두루 사랑하여 한 사람에게라도 소홀함이 없어야 한다. 조직구성원들에 대한 교육을 무엇보다도 우선하여 조직의 분위기를 고무하고, 아침저녁으로 구성원들의 복지를 고민하면 구성원들은 제각기 자신의 임무를 확인하고 실천할 것이다.

둘째, 조직구성원들을 활용할 때는 반드시 그들이 업무를 담당할 수 있는지 그 능력을 고려하여 지도자 자신의 요구 상황과 연관하여 헤아려 보고, 사업을 수행할 때는 실제 능력으로 행하라!

재정 운용에서는 세심하게 하고 보상할 일이 있으면 신중히 하며 그 규모가 적절한지 살펴야 한다. 재정 운용에서 인색해서는 안 되고, 노동력을 활용할 때 그들을 괴롭게 해서는 안 된다.

재정 운용에서 인색하면 조직은 피폐하기 쉽고, 노동력 활용에서 괴롭게 하면 피곤해진다. 조직구성원들의 주머니 사정이 넉넉하지 않으면 조직의 명령이 받아들여지지 않고, 피곤하고 괴로움을 느끼면 명령이 시행되지 않는다. 보상이 적절하지 않으면 조직 구조에 균열이 생기고, 지도자가 그것을 깨닫지 못하면 구성원들은 제 갈 길을 찾기 마련이다.

셋째, 조직의 규율과 법도를 제대로 확립하고, 법질서를 어지럽힌 자에게는 확실하게 벌을 주어 구성원들이 경외하게 하라!

법질서와 규율이 엄격하게 확립되어 있으면 거듭하여 명령을 내리지 않아도 된다. 게으르고 태만한 구성원은 꾸짖어 주의를 주고, 잘못이 있는 구성원은 그것을 지적하고 징계하며, 조직에 심각한 손해를 끼친 구성원은 직위를 해임하고 조직에서 퇴출시킨다. 법집행이 확고하여 흔들리지 않아야, 한쪽으로 치우치고 간사하게 행동하는 구성원들이 두려워한다. 한쪽으로 치우친 구성원들의 생각이 바뀌고 간사한 구성원들이 착한 행동을 하게 되면 조직의 규율과 법령이 제대로 지켜지고 시행되어 조직구성원들의 체질이 바뀐다.

최고지도자는 자연의 운행 질서나 법칙을 터득하여 그것을 조직 운용의 참고 자료로 삼는다. 그리고 조직구성원들을 편애하지 않는다. 지도자가 조직구성원들을 사랑하고 배려하며 복지혜택을 주면 그들은 즐거워한다. 구성원들을 내 사람으로 만들기 위한 첫 번째 조건은 편애하지 않는 것! 지도자는 현명한 인재를 기용하여 조직의 발전을 도모하고, 구성원의 복지를 최대로 보장하여 자신의 자리를 편안히 지켜야 한다.

관자의 명언

擧所美(거소미) 必觀所終(필관소종)
廢所惡(폐소악) 必計所窮(필계소궁)

아름다운 사람을 등용할 때는 반드시 이룬 것을 살피고
미워하는 사람을 버릴 때는 반드시 막힌 것을 헤아려라.

28. 법 시행의 원리

법을 따르지 않으면 다스림에 일정한 원칙이 없게 되고
법이 법답지 않으면 명령이 시행되지 않는다.
명령해도 시행되지 않는 것은 명령이 본받을 만하지 않아서이다.
본받을 만해도 시행되지 않는 것은 명령을 기초한 이가 살피지 않아서이다.
살펴도 시행되지 않는 것은 상벌을 가볍게 해서이다.
무겁게 해도 시행되지 않는 것은 상벌을 믿지 않아서이다.
믿게 해도 시행되지 않는 것은 자신이 먼저 하지 않아서이다.

불법법 즉사무상
不法法 則事毋常
법불법 즉령불행
法不法 則令不行
영이불행 즉령불법야
令而不行 則令不法也
법이불행 즉수령자불심야
法而不行 則修令者不審也
심이불행 즉상벌경야
審而不行 則賞罰輕也
중이불행 즉상벌불신야
重而不行 則賞罰不信也
신이불행 즉불이신선지야
信而不行 則不以身先之也

법법
_「法法」

조직에 정해진 법이 없다면 그것은 일정한 규율이 없다는 의미이다. 법이나 규율이 있다고 하더라도 제대로 운용되지 않으면 조직의 명령이 시행되지 않는다. 법과 규율은 조직의 실정에 맞추어 신중하게 제정하고 정비해야 한다. 법과 규율을 신중하게 제정해도 시행되지 않는 것은 보상과 징계를 경시했기 때문이다. 법과 규율을 소중히 여겨도 시행되지 않는 것은 보상과 징계를 믿지 않기 때문이다. 믿게 해도 시행되지 않는 것은 지도자가 솔선하지 않기 때문이다. 그러므로 지도자가 스스로 절제하여 법과 규율을 지키면 조직의 명령은 구성원들에게 제대로 전달되고 시행된다.

『관자』 제16편 「법법法法」에 법과 규정의 시행에 관한 원리가 잘 드러나 있다.

관자의 기록

훌륭한 사람이 있다는 소리를 듣고도 기용하지 않으면 그 조직은 위태로워진다. 좋은 사람에 관한 소식을 듣고도 찾지 않으면 그 조직은 위태로워진다. 어떤 사람의 출중한 능력을 보고도 중용하지 않으면 그 조직은 위태로워진다. 구성원을 사랑한다고 하면서도 친밀해지지 않으면 그 조직은 위태로워진다. 함께 일하면서도 배신하는 마음으로 상대를 대하면 그 조직은 위태로워진다. 사람을 해치려다가 실패한 경우 그 조직은 위태로워진다. 사람을 퇴출했다가 다시 기용하면 그 조직은 위태로워진다. 할 수 있는데도 할 수 없다고 버티고 행하지 않으면 그 조직은 위태로워진다. 풍족한데도 베풀지 않으면 그 조직은 위태로워진다. 기밀에 관해 비밀을 지키지 않으면 그 조직은 위태로워진다.

지도자가 주도면밀하지 않으면 바르게 말하고 곧게 행동하는 학자나 자문단들이 위태로워진다. 바르게 말하고 곧게 행동하는 학자나 자문단이 위태로워지면 지도자는 고립되고 친한 사람도 없게 된다. 지도자가 고립되고 친한 사람이 없으면 측근 참모들이 편당하여 패거리를 만든다.
이런 모든 상황은 측근 참모들의 잘못이 아니라 지도자 자신의 과실 때문이다.

지도자는 조직구성원들에게 크게 세 가지를 요청한다. 그런데 이 세 가지 요청을 조절하지 않으면 지도자의 자리가 위태로워진다.

첫째, 요구하는 일

둘째, 금지하는 일

셋째 호령하는 일이다.

요구는 반드시 얻으려는 것이고, 금지는 반드시 그치게 하려는 것이며, 호령은 반드시 시행하려는 것이다. 요구가 많은 사람은 얻는 것이 적고, 금지가 많은 사람은 그쳐지는 것이 적으며, 호령이 많은 사람은 그 시행되는 것이 적다. 요구해도 얻지 못하면 위엄은 날로 쪼그라들고, 금지해도 그쳐지지 않으면 징계가 소홀해지며, 명령해도 시행되지 않으면 아랫사람이 윗사람을 능멸한다. 그러므로 많이 요구하다가 많이 얻은 사람은 없었고, 많이 금지하다가 많이 그치게 한 사람은 없었으며, 많이 호령하다가 많이 시행한 사람은 없었다.

지도급 인사가 가혹하면 조직구성원들은 듣지 않는다. 아래에서 듣지 않는다고 강압적으로 징계하면 지도자에게 덤벼들 수 있다. 이럴 경우 조직이 와해 위기에 놓인다. 조직의 법령이 발표되었는데 또 바꾸고, 윤리강령이 시행되었는데 또 폐지하고, 규정이 정해졌는데 또 다른 규정을 정한다. 이와 같으면 아무리 포상을 많이 하더라도 조직구성원들은 열심히 일하지 않는다. 아무리 징계를 많이 하더라도 구성원들은 겁내지 않는다. 지도자에게 뚜렷한 의지가 없으면 구성원들은 의심을 하고, 조직에 일정한 법이 없으면 구성원들은 힘을 발휘하지 않는다.

지도자가 최고의 자리를 지킬 수 있는 이유는 권위 때문이다. 지도자가 권위를 잃으면 참모가 그것을 조절한다. 권위가 아래에 있으면 지도자가 참모에 의해 조종되고, 권세가 위에 있으면 참모가 지도자에 의해 관리된다.

권위가 1년 정도 참모에게 있게 되면 참모가 충성하지 않더라도 지도자가 그 권위를 되찾기 어렵다. 권위가 1년 정도 자식에게 있게 되면 자식이 효도하지 않더라도 부모는 그 권위를 회복하기 어렵다. 그러므로 명령이 보물보다 소중하고 법이 조직구성원보다 소중하며 권위가 직위보다 소중하다고 한다. 소중한 보물 때문에 명령을 경시하지 않고, 조직구성원을 아끼기 때문에 법을 굽히지 않으며, 직위 때문에 권위를 나누지 않는다. 그러기에 권위는 남에게 주는 것이 아니다.

정치는 바로잡는 작업이다. 바로잡는 작업은 세상 만물의 이름을 바로잡아 정하는 일이다. 역사상 훌륭한 지도자는 정도正道를 밝혀 조직을 관리하고 운영하였다. 정도는 미치지 않은 것을 미치게 하고, 또 지나치지도 않게 하는 일이다. 미치지 못하거나 지나치는 것은 모두 정도가 아니다. 정도가 아니면 조직은 늘 손해를 입는다.

성격이 사납거나 나약한 지도자는 국내외의 환란에서 벗어나지 못한다. 사나운 지도자는 징계를 경솔하게 한다. 징계를 경솔히 할 때, 정도正道를 시행하는 사람은 불안해한다. 정도를 시행하는 사람이 불안해하면 재능 있는 참모가 조직을 떠난다. 나약한 지도자는 징계를 어려워한다. 징계를 지나치게 어려워하면 사악한 구성원들이 고치지 않고, 사악한 구성원들의 행위가 오래도록 고쳐지지 않으면 여러 참모들이 결탁한다. 여러 참모들이 결탁하면 아름다움을 가리고 악행을 드러낸다. 아름다움을 가리고 악행을 드러내면 난리가 그치지 않는다.

지혜로운 지도자는 일가친척으로 인해 조직을 위태롭게 하지 않는다. 조직이 일가친척보다 소중하기 때문이다.

지혜로운 지도자는 자기 자신을 돋보이게 하기 위해 조직의 명령을 바꾸지 않는다. 조직의 명령이 지도자 자신보다 높기 때문이다.

지혜로운 지도자는 소중한 보배를 갖고 있다는 이유로 그 권위를 나누지 않는다. 권위가 보배보다 귀하기 때문이다.

지혜로운 지도자는 조직구성원을 사랑하므로 조직의 법을 훼손하지 않는다. 법이 구성원보다 아껴야 할 제도적 장치이기 때문이다.

관자의 명언

불법법 사무상
不法法 事毋常
법불법 령불행
法不法 令不行

법을 따르지 않으면 다스림에 일정한 원칙이 없고
법이 법답지 않으면 명령이 시행되지 않는다

29. 법을 믿는 지도자

최고지도자는
법에 따라 처리하되 모략을 쓰지 않고
술수를 쓰되 변명하는 감언이설을 쓰지는 않으며
공적인 것을 중시하되 사적인 것에 치우치지 않고
큰 길을 따르되 조그만 이익을 탐하지 않는다.

성군
聖君
임법이불임지
任法而不任智
임수이불임설
任數而不任說
임공이불임사
任公而不任私
임대도이불임소물
任大道而不任小物
임법
_「任法」

최고지도자는 조직의 법과 규정을 믿고 사업을 행하지, 계략에 의지하지 않는다. 때로는 상황에 적합한 전술을 고안하여 적용하지만 비현실적인 공허한 학설에 의지하지는 않는다. 공적인 것을 우선하고 사적인 것에 휘둘리지 않는다. 조그마한 이익에 구애 받지 않고 공동체를 위한 대도大道를 먼저 고민한다. 이와 같이 한 뒤에야 자신도 안정되고, 조직 공동체도 건강성을 확보한다.

지도자가 지도자의 자세를 잃으면 자신은 물론 조직도 피폐하게 된다. 계략에 의지하므로 법과 규정은 내팽개치고, 조직구성원들은 자신의 본분을 버리고 헛된 명예만을 좋아한다. 공허한 학설에 의지하므로 상황에 맞는 사업상의 이치를 고려하지 않고, 조직구성원들은 실제적인 일은 버려두고 헛된 말만 좋아한다. 개인적인 일에 매달려 조직 공동체의 이익을 버리기 쉽다.

조직의 법을 어기고 허황된 행위를 하며, 대도大道를 버리고 조그마한 이익에 매달리므로 지도자는 피곤하기만 하다. 조직구성원들은 미혹에 빠져 조직 공동체가 제대로 발전할 수 없다.

이것이 『관자』 제45편 「임법任法」에서 제시한 지도자의 법운용이다.

관자의 기록

법은 지도자가 조직구성원들을 하나로 묶는 주요한 제도적 장치이다. 그러므로 최고지도자는 늘 인간의 기본적 예의禮義를 바탕으로 법을 설치하여 지키게 한다. 때문에 실력을 갖추고 법도에 익숙하며 시대 상황에 능숙하고 박학다식한 인재를 양성하여 조직 공동체를 지속할 수 있도록 준비한다. 그리하여 권력 있고 재산 많고 세력 있는 무리들이 함부로 넘보지 못하게 하고, 지도자의 일가친척이나 측근들이 배반하지 않게 한다. 이런 상황이 되면 조직구성원들은 어떤 뇌물이나 유혹에도 미혹되지 않고, 모든 업무가 법의 테두리를 벗어나지 않는다. 그러므로 법은 조직을 움직이는 기준이다. 최고지도자는 바로 이러한 법을 가장 절실하게 사용해야 한다.

최고지도자는 개인적으로 세력을 형성하거나 친한 사람들만을 끌어 들여 참모로 만들지 않는다. 무엇보다도 법과 규정을 제정하여 지키게 하는 것을 기본으로 하고, 여러 참모들에게 인격을 갖추게 하여, 수레 바큇살이 바퀴살통에 모이는 것처럼 지도자를 모시게 한다. 그리고 조직구성원들이 서로 화목하여 지도자의 조직 운영 방침을 바탕으로 법에 따라서 일을 처리해가게 한다. 때문에 조직의 법과 규정이 만들어지면, 법을 지키고 실천해야 한다. 법을 만드는 책임자는 최고지도자이고 그것을 지킬 수 있도록 홍보하는 사람은 참모들이며, 업무상 실천하고 집행하는 사람은 조직구성원이다. 최고지도자에서 조직구성원에 이르기까지 모두 법과 규정을 지킬 때, 조직 공동체는 가장 잘 유지된다.

최고지도자는 조직 운영에서 세 가지 방법을 구사한다.

첫째, 자기가 좋아하는 사람에게 개인적으로 상을 주지 않는다.

둘째, 싫어하는 사람에게 개인적으로 벌을 주지 않는다.

셋째, 인간의 삶과 예의에 기초하여 법을 제정하고 법에 따라 헤아려 판단한다.

자기가 좋아하는 사람에게 사사로이 상을 주고, 싫어하거나 미운 사람에게 사사로이 벌을 주며, 참모들의 건의에 귀 기울이지 않고 측근들의 충고를 듣지 않으며 오로지 자기 생각대로만 판단하는 자는 지도자로서 자격 미달이다. 특히 조직 공동체의 법도를 스스로 어기고 아첨하는 참모나 측근들 말만을 듣는 자는 정말 조직을 말아먹을 수 있는 위태로운 지도자다.

진정한 지도자는 좋아하는 사람이건 싫어하는 사람이건 한쪽으로 치우치지 않는다. 좋아하는 사람에게 치우치면 점차 덕을 잃게 되고, 싫어하는 사람에게 치우치면 점차 위엄을 잃게 된다. 덕과 위엄을 모두 잃으면 지도자는 그 생명력을 상실한다.

지혜로운 지도자는 다음의 여섯 가지를 자신의 주요 임무로 설정하고 실제로 장악해야 한다.

첫째, 어떻게 조직구성원을 먹여 살릴 것인가? 이는 구성원의 삶과 관련된다.

둘째, 자격 미달인 조직구성원을 어떻게 처리할 것인가? 이는 구성원의 인사 문제와 관련된다.

셋째, 어떻게 조직 공동체를 부유하게 할 것인가?

넷째, 조직 공동체가 빈곤에 허덕이면 어떻게 해야 하는가?

다섯째, 무엇으로 조직을 소중한 공동체로 구성할 것인가?

여섯째, 조직이 천한 공동체로 추락하면 어떻게 해야 하는가? 셋째에서 여섯째까지는 조직의 부강 및 위상과 연관된다.

또한 지도자가 관심을 갖고 체득해야 할 영역에 네 가지가 있다.

첫째는 인문 정신〔文〕, 휴머니즘이고, 둘째는 군사적 보호 장치〔武〕, 조직 파워이며, 셋째는 준법을 통한 위엄〔威〕이며, 넷째는 덕망〔德〕이다.

〈지도자의 체득 영역〉

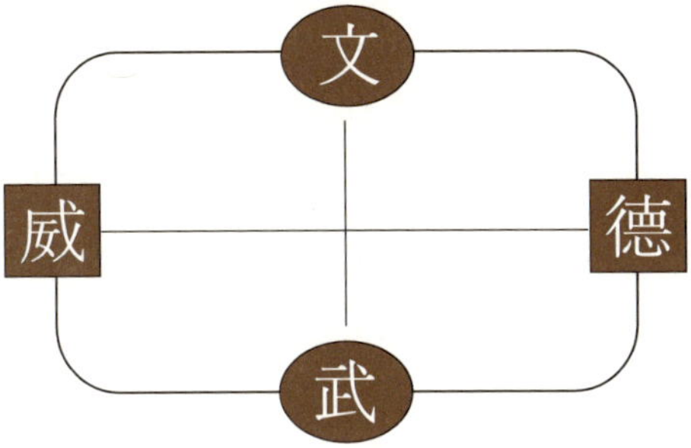

지도자는 친근親近과 소원疎遠, 귀함과 천함, 아름다움과 추함에 근거하지 않고, 원칙적으로 법을 기준으로 판단해야 한다. 그렇게 해야 죄를 지은 자를 벌하여도 원망하지 않고, 조직에 공헌한 구성원에게 상을 주어도 흥분하지 않는다. 법에 따라 일을 처리할 뿐이므로 개인적 감정이 없다. 때문에 참모들이나 측근들의 개인적인 논의도 없다. 담당 부서에서도 특별하게 논의하지 않으며 구성원들도 개인적인 주장을 하지 않으며, 모두가 가슴을 비우고 지도자의 뜻을 따른다. 지도자가 솔선수범하여 공정한 원칙으로 일을 처리하고, 법도에 의하여 판단할 때, 안심하고 조직 공동체를 맡길 수 있다.

세상을 혼란스럽게 하는 지도자들이 많다. 그들은 편견에 사로잡혀 보지 못하거나 듣지 못하는 부분이 있다. 특히 개인적인 생각에 사로잡혀 알지 못하는 부분이 있다. 편견이나 개인적인 생각은 지혜를 가리므로 지도자의 지위를 잃는 원인이 된다. 지도자가 공적인 법을 버리고 개인적인 주장에 귀 기울인다면 여러 참모들과 구성원들도 모두 개인적인 술수를 쓰게 된다. 이럴 경우, 여러 당파나 개인적인 세력이 만들어져 여기저기서 자리를 청탁하여 공공의 법규가 어지럽게 되고, 사람마다 모두 지도자의 눈에 들려고 마음 쓸 뿐이다. 지도자도 이런 상황을 금지할 구실이 없으므로, 개인적인 주장은 날로 더해지고 공적인 법규는 점차로 무너지게 되어 조직을 유지하기 힘들게 된다.

관자의 명언

임 법 불 임 지
任法不任智
임 수 불 임 설
任數不任說
임 공 불 임 사
任公不任私
임 대 도 불 임 소 물
任大道不任小物

법에 따라 처리하되 모략을 쓰지 않고
술수를 쓰되 변명하는 감언이설을 쓰지는 않으며
공적인 것을 중시하되 사적인 것에 치우치지 않고
큰 길을 따르되 조그만 이익을 탐하지 않는다.

30. 법치 확립과 지도자의 책무

옛 지도자들이 나라를 다스리는 원칙은
법도에 따라 사람을 선발하고 제멋대로 기용하지 않는다.
법도에 따라 공을 헤아리고 제멋대로 헤아리지 않는다.
그러므로 능력 있는 사람이 숨겨져 묻히지 않고
시원찮은 사람이 속일 수 없다.
칭찬받았던 사람이 벼슬길 나갈 수 있는 것만도 아니고
비난받았던 사람이 벼슬길에서 쫓겨나는 것만도 아니다.
그러니까 지도자와 참모 사이가 분명하게 구별되고
분명하게 구별되면 다스림이 쉬워진다.
지도자가 몸소 일하지 않더라도
법도를 지켜 일할 수 있다.

선왕지치국야
先王之治國也
사법택인 부자거야
使法擇人 不自擧也
사법량공 부자탁야
使法量功 不自度也
고능닉이불가폐 패이불가식야
故能匿而不可蔽 敗而不可飾也
예자불능진 이비자불능퇴야
譽者不能進 而誹者不能退也
연즉군신지간명별 명별즉이치야
然則君臣之間明別 明別則易治也
주수불신하위 이수법위지가야
主雖不身下爲 而守法爲之可也
명법
—「明法」

잘 정비된 조직 공동체는 지도자의 운영 방침이 존중되고, 엉망인 조직은 참모나 중간관리자들의 개인적인 생각이나 술책에 따라 일이 이루어진다. 지도자와 조직구성원들의 본분이 뒤섞여 권한과 책임 소재가 분명하지 않으면 조직은 어지러워진다. 특히, 지도자의 권한을 참모나 중간관리자에게 주면 지도자는 권력을 잃게 된다.

『관자』 제46편 「명법明法」은 법치 확립이 지도자의 권한이자 책임인 것을 강조한 대목이다.

관자의 기록

법치가 확립되지 않아 조직 공동체를 망하게 하는 데는 네 가지 경우가 있다.

첫째, 지도자의 조직 운영 방침이 정해졌으나 조직구성원들에게 인식되지 않는 경우

둘째, 구성원들이 인식하긴 했으나 완전히 시행되지 않고 도중에 그치는 경우

셋째, 구성원들의 요구가 있으나 지도자가 인식하지 못한 경우

넷째, 구성원들의 요구가 지도자에게 전달되려다가 도중에 막히는 경우이다.

이 네 가지 현상이 발생하는 까닭은 법도가 온전히 확립되지 않았기 때문이다. 때문에 조직을 경영하는 지도자는 법을 벗어나서 그 뜻을 놀리지 않으며, 법의 테두리 내에서 온 힘을 쏟아붓는다.

적절한 규정을 법으로 제정하면 속임수를 쓸 수 없다. 저울로 계량하면 가볍고 무거운 것을 속일 수 없고, 자로 길이를 재면 길고 짧은 것을 재는 데 착오가 없다. 지도자가 법도를 벗어나 제멋대로 인재를 기용하면 측근들은 지도자를 등지고 아래에서 자기들끼리 패거리를 만든다. 이런 패거리들의 추천에 따라 인재를 선발하면 구성원들은 힘있는 사람에게 잘 보이려고 교제에 힘쓸 뿐, 실제 필요한 능력을 함양하려고 애쓰지 않는다.

개인적인 교제가 많을수록 패거리는 더욱 많아지고 조직의 안팎이 모두 패거리처럼 보인다. 이 지경에 이르면 아무리 큰 잘못이 있어도 그것을 벌하여야 할지 말아야 할지 지도자의 판단이 흐려지기 쉽다. 때문에 조직에 엄청난 기여를 한 구성원이 아무 죄도 없는데 축출당하고, 빈둥거리기만 하던 측근들은 특별한 공도 없이 주요 자리를 차지한다. 정말 죄 값을 받아야 할 자는 죄가 없고 기용되지 말아야 할 사람이 기용되면 참모나 중간관리자들은 개인적인 술책을 중시하고 공적인 법도를 가벼이 여긴다. 이렇게 되면 조직에 아무리 사람이 많아도 지도자는 존중받지 못하고, 관리자가 아무리 많아도 조직 일을 맡기기가 힘들다. 이를 가리켜 조직에 인재가 없다고 하는 것이다.

조직 공동체에 인재가 없다는 것은 조직의 관리자가 줄어들었다는 의미가 아니라, 개인적인 이익 증진을 꾀하는 관리자가 많아지고 지도자를 존중하는 데 힘쓰지 않는다는 뜻이다. 고위층 간부들은 서로 떠받들어 주기에 힘쓸 뿐 조직의 일을 책임지지 않으며, 중하위 관리자들은 봉급만 축낼 뿐 본분에 충실하지 않는다.

그러므로 옛날부터 최고지도자가 조직을 경영할 때는 정해진 법도에 따라 인재를 선발하고 제멋대로 기용하지 않으며, 법도에 따라 공을 헤아리지 제멋대로 판단하지 않는다. 그러기에 능력 있는 사람이 매장되지 않고 별 볼일 없는 사람이 속임수를 써서 기용될 수 없다. 겉으로 이름난 사람이라고 무조건 기용하지 않았고, 약간의 비난을 받은 사람이라고 하여 무조건 쫓아내지도 않았다. 이렇게 지도자와 참모나 중간관리자 사이에 책임 소재나 한계가 분명하게 구별되면 조직 경영은 매우 쉬워진다.

관자의 명언

사법택인 부자거야
使法擇人 不自擧也
사법량공 부자탁야
使法量功 不自度也

법도에 따라 사람을 선발하고 제멋대로 기용하지 않는다.
법도에 따라 공을 헤아리고 제멋대로 헤아리지 않는다.

31. 구성원에 대한 경계

어긋난 부분을 끊어야 안정되고
고요해져야 다스릴 수 있으며
편안해져야 존중될 수 있고
움직임에 변함이 없어야
지도자의 길이라고 할 수있다.

절 이 정
絶而定
정 이 치
靜而治
안 이 존
安而尊
거 조 이 불 변 자
擧錯而不變者
성 왕 지 도 야
聖王之道也
법 금
_「法禁」

최고지도자가 조직의 법을 중시하여 지키면 참모나 중간관리자들도 자연히 그 법을 지킨다. 고위층 간부들이 법에 대해 분명하게 말하면 중간관리자나 조직구성원들도 모두 그 법을 알게 된다. 지도자가 법을 중시하지 않는다면 구성원들이 법을 위반하고 개인적으로 이용하는 자들이 반드시 많아질 것이다.

개인적으로 법을 이용하게 되면 고위 간부들은 그들 나름대로 법과 관계없이 자기가 들은 바에 따라 정책을 결정하고, 중간 관리자들은 맡은 직책과 달리 법을 집행하며, 측근 참모들은 지도자와 권력을 나누어 갖게 될 것이다. 조직 공동체의 위기는 이런 상황에서 시작된다.

『관자』 제14편 「법금法禁」에서는 지도자의 법과 규정에 대한 이행을 소중하게 다루고 있다.

관자의 기록

훌륭한 지도자는 사람을 살필 때, 널리 배우거나 많이 아는 것을 중요하게 여기지 않았다. 그 사람이 다른 사람과 화해和諧할 수 있는 인물인지, 함께 더불어 하는 마음을 지니고 조직의 운영방침을 따를 자세가 되어 있는지에 무게를 두었다.

지도자가 본분을 잃으면, 일부 참모들은 권력 있는 자들과 결탁하여 서로를 기용하고, 중간관리자들은 이익을 쫓아 서로 나아가게 된다. 이때 조직구성원들은 자기와 유사한 무리들과 패거리를 만들고 개인의 이익을 추구한다. 위로 최고지도자나 경영진 앞에서는 서로를 추천하고, 아래로 조직구성원들에게는 서로 칭송하며 개인의 몸을 편하게 하여 조직 공동체의 발전에 대해 책임지지 않는다. 자신들의 세력을 점점 넓혀서 여러 무리를 모아 더 큰 패거리를 만드므로, 위로는 지도자의 눈과 귀를 가리고, 아래로는 구성원들을 착취한다. 이것은 모두 지도자를 약하게 만들고, 조직 공동체를 어지럽히는 일이다.

때문에 지혜롭고 훌륭한 지도자는 다음과 같이 인간을 철저하게 법으로 규정하여 경계한다.

· 조직의 권력을 제멋대로 하여 구성원들을 가혹하게 착취하는 자
· 경영진이 보기에 신임이 없는 자
· 많은 봉급을 요구하면서 맡은 일은 충실히 하지 않으며 구성원들에게 인기를 얻으려는 자
· 조직의 일을 개인적으로 이용하는 자
· 능력에 맞지 않는 사람을 등용하고 조직에 기여한 것이 없는데도 승진하는 자
· 조직의 규율을 어기면서 패거리를 만드는 자
· 공동체의 분위기를 해치고 잘난체 하며 자기 행실을 과장하고 자

기를 높이는 자

· 행동이 지나치게 치우치고 완고하며, 괴이한 것을 말하되 옳다고 강변하며, 방법이 잘못되었는데도 억지를 부리는 자

· 패거리를 친구라 여기고, 나쁜 짓을 덮어두고서 착하다고 하며, 이랬다저랬다 하며 자주 바뀌는 행동을 지혜라고 하고, 세금을 많이 거두는 것을 충성으로 여기고, 원망과 분노를 드러내는 것을 용기로 여기는 자

훌륭한 지도자는 조직구성원들을 관리할 때, 구성원들이 이롭게 여기는 것을 쉽게 얻도록 하지 않고, 책임을 피하지 않게 한다. 반드시 그들이 자신의 직위를 편안히 여기고, 동료들과 함께 즐기고, 직무에 힘쓰며, 자신을 빛낼 수 있도록 격려한다. 따라서 자신의 직위를 뛰어넘어 사업을 하거나 동료들과 불화하는 구성원은 징계한다. 그러므로 훌륭한 지도자는 구성원을 교육할 때, 어진 마음으로 어루만지고, 부끄러운 행동을 하지 않게 격려하며, 제각기 능력을 발휘하게 한다.

관자의 명언

절이정 정이치 안이존
絕而定 靜而治 安而尊

어긋난 부분을 끊어야 안정되고 고요해져야 다스려지며 편안해져야 존중된다.

32. 공동체를 잘 살게 하는 교육

일 년의 계획은
곡식 심기보다 중요한 것이 없고
십 년의 계획은
나무 심기보다 중요한 것이 없으며
일생의 계획은
사람 기르기보다 중요한 것이 없다.
하나를 심어서 하나를 얻는 것은 곡식이고
하나를 심어서 열을 얻는 것은 나무이며
하나를 심어서 백을 얻는 것은 사람이다.

일년지계 막여수곡
一年之計　莫如樹穀
십년지계 막여수목
十年之計　莫如樹木
종신지계 막여수인
終身之計　莫如樹人
일수일확자 곡야
一樹一穫者　穀也
일수십확자 목야
一樹十穫者　木也
일수백확자 인야
一樹百穫者　人也
권수
__「權修」

인간의 행위는 대부분 계획적이고 의도적이다. 특히 교육은 백년지대계百年之大計라는 말로 표현하듯이 계획적이고 의도적이며 가치 지향적이다.

『관자』 제3편 「권수權修」에서는 다음과 같이 강조한다.

"1년의 계획은 곡식을 심는 것보다 중요한 것이 없다. 10년의 계획은 나무를 심는 것보다 중요한 것이 없다. 평생의 계획은 사람을 기르는 일보다 중요한 것이 없다. 하나를 심어 하나를 얻는 것은 곡식이며, 하나를 심어 열을 얻는 것은 나무이며, 하나를 심어 백을 얻는 것은 사람이다."

참다운 인재를 길러 적절하게 쓰는 일이야 말로 최고지도자가 힘써야할 중대 사안이다. 관중은 이처럼 공동체 조직의 구성원 교육을 조직 부강의 기본 관건으로 제시한다.

관자의 기록

조직을 관리 경영하는 지도자는 구성원들이 사악하고 치우친 행동, 음란한 일이 없게 해야 한다. 사악하고 치우친 행동이나 음란한 일이 없게 하는 것이 바로 구성원 교육이다. 지속적인 교육으로 조직의 분위기가 건전하게 형성되어 그 조직이 흥성하는 것은 당연한 이치이다.

지도자는 구성원들이 건전하고 올바른 인간이기를 소망한다.

구성원들을 올바르게 하려면 아주 조그마한 속임수도 용납해서는 안 된다. 조그마한 속임수는 큰 속임수의 싹이다. 그러므로 조그마한 속임수를 금하지 않고 큰 속임수로 인해 조직 공동체가 손상되지 않기를 바란다는 것은 어불성설語不成說이다.

지도자는 구성원들이 예의 있는 인간이기를 소망한다. 구성원들에게 예의를 갖게 하려면 조그마한 예절도 조심하지 않으면 안 된다. 조그마한 예절이 시행되지 않는데 큰 예절이 시행되기를 바라기는 어렵다.

지도자는 구성원들이 의리 있는 인간이기를 소망한다. 구성원들에게 의리를 갖게 하려면 조그마한 의리일지라도 행하지 않으면 안 된다. 조그마한 의리가 행해지지 않는데 큰 의리가 행해질 것을 바라기는 어렵다.

지도자는 구성원들이 염치있는 인간이기를 소망한다. 구성원들을 염치있게 하려면 조그마한 염치일지라도 닦지 않아서는 안 된다. 조그마한 염치가 닦아지지 않고 큰 염치가 닦아지기를 바라기는 어렵다.

지도자는 구성원들이 부끄러움을 아는 인간이기를 소망한다. 구성원에게 부끄러운 마음을 갖게 하려면 조그마한 부끄러움도 삼가지 않으면 안 된다. 조그마한 부끄러움이 조심스럽게 지켜지지 않고 큰 부끄러움이 지켜지기를 바라기는 어렵다.

지도자가 조직구성원들을 교육하는 방법은 다른 것이 아니다. 바로 구성원들이 조그마한 예절을 닦고, 조그마한 의리를 행하고, 조그마한 염치를 갖고, 조그마한 부끄러운 마음을 지키고, 아주 조그마한 속임수도 금지하기 바라는 것!

조직구성원들이 조그마한 예절을 닦고, 조그마한 의리를 행하고, 조그마한 염치를 갖고, 조그마한 부끄러운 마음을 지키고, 아주 조그마한 속임수일지라고, 확실하게 금지하는 것, 이것이 조직 경영 관리의 근본이다.

관자의 명언

일수일확자 곡야
一樹一穫者 穀也
일수십확자 목야
一樹十穫者 木也
일수백확자 인야
一樹百穫者 人也

하나를 심어 하나를 얻는 것은 곡식이고
하나를 심어 열을 얻는 것은 나무이며
하나를 심어 백을 얻는 것은 사람이다.

33. 마음 씀씀이와 공동체 번영

밝음은 지혜로움이고

지혜로움은 밝음이다.

흥성한 뒤에는 곧 쇠락하니

밝고 지혜로움으로 바르게 행동하라.

아첨하는 자를 받아들이지 말고

아양 떠는 자를 모으지 말며

흉악한 자를 기르지 말고

거짓말하는 자를 참모로 쓰지 말라.

바르지 않으면 넓어도 망하고 만다.

明乃哲(명내철)

哲乃明(철내명)

奮乃苓(분내령)

明哲乃大行(명철내대행)

毋訪於佞(무방어녕)

毋蓄於諂(무축어첨)

毋育於凶(무육어흉)

毋監於讒(무감어참)

不正廣其荒(부정광기황)

—「宙合(주합)」

하늘과 땅, 이 우주는 만물을 포용한다. 위로는 하늘로 통하고 아래로는 땅에 깊이 처하며, 밖으로는 다른 세계로 뻗어 나가 전체를 포괄한다. 흩어져서는 무한에 이르므로 함부로 이름 붙일 수도 없다. 너무 커서 밖이 없고 너무 작아 안이 없다.

이처럼 우주의 모습은 『관자』 제11편 「주합宙合」에 잘 설명되어 있는데, 지도자가 이런 우주의 속성을 본받아 조직 번영에 적용하면 성공할 가능성이 있다. 우왕좌왕하지 않는 리더십으로 치우치지 않고 모든 구성원의 활동을 생각하며, 급변하는 시대정신을 읽고 자신을 바로 세우는 지도자. 이런 리더는 우주의 흐름처럼 꿋꿋하며 함부로 주저앉지 않는다.

관자의 기록

지도자는 명령을 내리고 구성원들은 맡은 일에 힘쓴다. 지도자가 내린 명령이 독선적이거나 엉뚱하지 않고 실제 일에서도 잘 이루어졌다면, 조직의 중간관리자나 구성원들은 제각기 맡은 일을 힘써 행하여 망령됨이 없을 것이다. 그렇게 되면 조직이 원하는 것을 얻을 수 있게 되어 재정이 탄탄해진다. 그러므로 지도자는 조직의 법과 규칙을 선포하고 개인적인 욕심을 내지 않으며, 구성원들에게 골고루 사랑을 베풀고, 특정한 사람에게 치우치지 말아야 한다.

지도자가 사랑을 베풀고 공공의식을 지니면, 그 조직에는 누구나 들어가고 싶어 할 것이다. 참모나 중간관리자, 조직구성원들은 맡은 일에 힘쓰고, 한결 같은 마음으로 충성하여 개인적 이익을 따지지 않으며, 생업을 잃지 않고 자기 이름만이 빛나기를 바라서는 안 된다. 이렇게 서로가 공경하고 시기질투하지 않으면 조직구성원들은 화합으로 업무에 종사할 것이다. 지도자가 그 직위에 맞는 본분을 잃으면 구성원 교육과 조직의 규범이 일그러지고, 교육과 규범이 일그러지면 그 조직은 혼란과 부패로 빠지기 십상이다.

지도자의 측근이나 참모가 본분을 잃으면 아래의 부서장이나 팀장을 관리하기 어렵고 그렇게 되면 구성원들은 조직에 마음을 두지 않고 늘 자신이 속한 공동체를 떠나려고 한다. 지도자와 구성원들 각자가 맡은 직분을 잘 수행한다면, 공동체 조직은 편안해질 수 있다. 이것이 조직의 가장 아름다운 덕목이다.

조직 운영을 위해서는 조직 특성에 부합하는 일정한 규범을 갖추어야 한다. 중요한 것은 구성원들의 부담을 줄이고 복지를 늘려 잘사는 조직을 만드는 일이다. 조직의 규범은 지도자가 조직을 운영하는 원칙으로 작용한다. 사업을 번창시키되 쉽게 잃지 않고 이윤을 창출하여 구성원들에게 돌려준다. 이제 조직은 체제를 갖추었고 구성원은 조직에 기여하는 마음을 제대로 쓰는 구성원처럼 되었다. 공동체 조직의 도리를 밝혀서 구성원을 가르치고 규범을 합리적으로 제시하여 구성원이 올바른 마음을 가지고 근무하게 만드니, 이것은 지도자의 책무이다.

일정한 규범을 갖추었다는 것은 조직 체제가 제대로 정비되었다는 의미이다. 조직 체제를 정비하였다는 것은 조직이 번창했음에도 함부로 만족하지 않고, 불경기를 맞아도 함부로 위축되지 않음을 말한다. 이처럼 조직이 나름대로 잘 갖추어지고 잘 맞게 선택적으로 운영되니 구성원 모두가 특별히 고달픈 것은 없다. 조직의 지도자가 구성원들을 잘 깨우쳐 가르쳤기 때문이다. 이에 지도자는 널리 듣고 많이 보며 조직 운영의 법칙을 함양하여 조직의 번영에 힘을 쏟아야 한다.

봄에는 새로 나온 채소를 먹고, 가을에는 잘 익은 과실을 먹으며, 여름에는 시원한 곳에 살고, 겨울에는 따뜻한 곳에 머문다. 이는 지도자가 마음 씀씀이, 손짓 발짓, 몸가짐, 행동 하나 하나가 상황에 따라 적합해야 한다는 말이다. 지도자는 상황이 맞으면 적극적으로 활동하고, 상황이 좋지 않으면 소극적으로 관망해야 한다. 때문에 옛날 지혜로운 지도자들은 속으로 뜻을 품고 함부로 겉으로 드러내지 않았다. 그러므로 말을 거두어 마음 깊이 간직한다.

현명한 사람은 어려운 시기에 자신의 뜻을 펼칠 수 없음을 잘 안다. 그러기에 속으로 품거나 겸손히 물리는 방법으로 곤란한 처지를 극복하고, 고요히 침묵하는 방식으로 화를 비껴간다. 이는 햇볕이 내리쬐는 여름날 그늘에서 쉬는 것과 같으며, 꽁꽁 얼어붙은 겨울에 따뜻한 곳을 찾는 것과 같다. 추위와 더위를 피하는 것처럼 조직의 건전한 지속을 위해 상황에 적절하게 대처하는 것이 지도자의 지혜이다.

현명함은 지혜로움이고 지혜로움은 현명함이다. 조직이 번영한 이후에는 쇠락에 대비해야 하니, 현명하고 지혜로움으로 정확하고 신중한 행동을 해야 한다. 조직의 구성원들이 조금 성공했다고 상대방을 오만한 자세로 대할 경우, 실패는 이미 시작되는 것이다. 때문에 지도자들은 삶의 지혜에 대해 써서 조직구성원들에게 전한다. 성공한 삶이라고 생각할 때 실패를 경계하라!

그러므로 훌륭한 인격을 갖춘 사람은 저울질하되 고르게 하지 않고, 헤아리되 꽉 차지 않게 하고, 즐겁게 하되 그것에만 의지하지 않고, 생각을 지나칠만큼 정밀하게 하지 않는다. 높은 지위에 있으면서 지혜로운 사람을 추천하고, 많은 보수를 받으면서 힘써 베풀며, 기여도가 커도 자만하지 않고, 사업이 번창해도 자랑하지 않는다. 사실 명실상부한 일을 행하기란 쉽지 않다. 때문에 일이 잘 단절되고 협동하여 이루기가 어렵다. 그러므로 지혜로운 지도자는 양쪽 모두를 지킬 수 없음을 알기에,

실제적인 일 하나를 제대로 취한다. 그리고 대부분 성공하므로 편안하고 근심이 없다.

싫어하고 미워하는 것이 있을 때, 성내지 말라!

분노를 억제하면 빠르게 일을 할 수 있다.

원망해야 할 일이 있을 때, 말하지 말라!

제대로 파악하지 못했다면 도리어 그 몸을 상하게 할 수 있다.

하고자 하는 일이 있을 때, 함부로 도모하지 말라!

일을 꾸미는데 누설될 가능성을 배제해서는 안 되며, 누설되면 재앙을 불러일으킬 수 있다. 사려 깊게 예의를 생각해야 하며, 깨어있는 듯이 잠을 자야하며, 어둠 속에서도 빛이 있는 듯 해야 한다.

늘 성실하고 독실하게 자신을 돌이켜 생각하라! 편안하고 묵묵히 심사숙고하라!

현명한 재주를 지닌 사람에게 의지하고 어질고 선량한 자를 등용하는 것은 세상 이치에 밝아 몽매함을 열어주는 것과 같다.

아첨하는 자를 쓰지 말라!

아첨하는 자를 쓰게 되면 개인적인 부탁이나 생각이 실현될 가능성이 높다.

아양 떠는 무리들의 말을 듣지 말라! 아양 떠는 무리들의 말을 듣게 되면 위의 지도층 인사들을 속이게 된다.

잔혹한 수단을 쓰지 말라!

잔혹한 수단을 쓰게 되면 구성원이 다친다.

거짓말하는 자를 참모로 쓰지 말라!

거짓말을 믿으면 착한 사람을 잃게 된다.

지도자는 마음이 진실하고, 이목耳目이 단정해야 한다. 진실하고 단정한 것은 리더십의 근본이다.

마음은 생각하는 역할을 한다. 생각은 반드시 좇고 따르는 자세를 취하며 말로 이어진다. 생각하고 말하는 힘을 실제로 얻는 것을 지혜라고 한다. 귀는 듣는 것인데 듣는 것은 반드시 좇고 따르는 자세로 해야 한다. 듣는 것이 자세함을 귀 밝음이라고 한다. 눈은 보는 것인데 보는 것은 반드시 좇고 따르는 자세로 해야 한다. 보는 것을 제대로 살핌을 눈 밝음이라고 한다. 총명한 지혜로 오로지 하고 오로지 하여 어둡지 않게 하면 잘 다스릴 수 있다. 잘 다스려지면 조직구성원들을 이롭게 할 수 있다. 이로움은 구성원들이 좋아하는 것이고, 그렇게 되면 공동체 조직은 아름답게 된다.

생각하여 말함을 얻지 못하면 지혜롭지 않게 되고, 지혜롭지 않으면 어둡게 된다. 듣는 것을 자세히 하지 않으면 귀가 밝아지지 않고, 귀가 밝지 않으면 사업상 오류를 낳는다. 보는 것을 제대로 살피지 않으면 밝아지지 않고, 살피지 않고 눈이 밝지 않으면 업무상 과오를 범하게 된다. 오류와 과오로 어두워지면 근심하게 되고 근심하면 일이 잘못되기 쉽다. 이는 조직을 잘못 운영하는 원인이 된다.

조직 운영이 잘못되면 구성원이 해를 입는다. 해를 입으면 이는 원망으로 바뀌고 원망은 포악한 마음으로 돌변한다. 이에 지도자는 마음을 진실하고 순수하게 지니고 이목을 단정히 해야 한다. 조직이 잘 다스려지면 구성원들의 복지를 실현할 수 있다.

관자의 명언

明乃哲(명급철)　哲乃明(철내명)
奮乃苓(분내령)　明哲乃大行(명철내대행)

밝음은 지혜로움이고 지혜로움은 밝음이다.
흥성한 뒤에 곧 쇠락하니 밝고 지혜로움으로 바르게 행동하라.

34. 리더의 감동 창출

자신에게 죄를 돌리는 사람은

국민들에게 죄를 얻지 않지만

자신에게 죄를 돌리지 않는 사람은

국민들이 죄를 준다.

그러므로 자신의 잘못을 말하는 사람은 강하다.

자신을 절제하고 다스리는 사람은 은혜를 베푼다

착하지 않은 짓을 다른 사람에게 하지 않는 사람은 어질다.

선 죄 신 자
善罪身者
민 부 득 죄 야
民不得罪也
불 능 죄 신 자
不能罪身者
민 죄 지
民罪之
고 칭 신 지 과 자 강 야
故稱身之過者 强也
치 신 지 절 자 혜 야
治身之節者 惠也
불 이 불 선 귀 인 자 인 야
不以不善歸人者 仁也
소 칭
_「小稱」

지도자의 수양, 인격적 완성은 조직 운영의 기초이다. 지도자가 어떤 태도를 취하느냐에 따라 조직 운영의 방침과 실제 운영의 상황이 달라지고, 지도자의 능력 발휘 여하에 따라 조직의 활력이 달라진다.

『관자』 제32편 「소칭小稱」은 이러한 조직 지도자의 수신修身에 관한 관중의 언명을 기록하고 있다.

관자의 기록

자신이 착하지 않음을 걱정하라! 다른 사람이 자기를 알아주지 않는다고 걱정하지 말라! 값나가는 보물은 깊은 산 속에 있어도 사람들이 알고서 캐려고 하고, 아름다운 구슬은 깊은 물 속에 있어도 사람들이 알고서 캐려고 한다. 내가 잘못을 저질렀을 때, 조직구성원들은 정확하게 평가한다. 구성원들의 눈과 귀는 철저하다. 착하지 않은 짓을 하고서는 배겨날 수가 없다. 그러므로 내가 착한 일을 하면 나 스스로 명예로워지고 내가 잘못을 저지르면 나 스스로를 깎아내리는 것이다.

조직구성원들에게 칭찬을 듣는지 비난을 듣는지 특별히 물어볼 필요는 없다. 그러기에 예로부터 한 조직의 지도자는 구성원을 두려워했다. 지도자가 사회적 명성이 있으면서도 구성원을 따른다면 조직은 강해지지 않을 수 없고, 명성은 있으나 구성원을 무시하고 등진다면 조직은 약해지지 않을 수 없다. 아무리 높은 지위나 권위가 있더라도, 구성원이 등지게 된다면 그들은 조직과 직장, 소속팀을 버리고 떠날 것이다. 따라서 지도자는 구성원을 두려워해야만 한다.

지도자가 잘못을 했을 때, 그것을 인정하고 자신에게 죄를 돌리는 사람은 구성원들이 죄를 묻지 않는다. 지도자가 잘못을 저질러 놓고도 자신은 잘못이 없다고 우기면 구성원들은 끝까지 그 죄를 묻는다. 그러므로 자신의 잘못을 시인할 줄 아는 사람은 강하다. 자신을 절도 있게 다스리는 사람은 지혜롭다. 다른 사람에게 착한 일을 하는 이는 어진 사람이다.

지혜로운 지도자는 잘못이 있으면 그것을 자신의 책임으로 돌린다. 좋은 일이 있으면 그것을 구성원들에게 돌린다. 잘못을 자신에게 돌리면 스스로 삼가고 조심할 수 있고, 좋은 일을 구성원에게 돌리면 구성원들이 기뻐한다. 기쁨을 구성원에게 돌리고 삼가는 자세를 자신에게 끌어들이는 일은 지혜로운 지도자가 구성원을 다스리는 핵심 원리이다.

중국 고대 하나라 때의 걸傑 임금과 은나라 때의 주紂 임금은 그렇지 못했다. 잘한 일은 자신에게 돌리고 잘못된 일은 백성들에게 돌렸다. 잘못을 백성에 돌리면 백성들은 분노하고, 잘한 일을 자신에게 돌리면 자신은 더욱 교만해질 뿐이다. 백성을 분노케 하고 자신을 교만하게 만드는 일은 바로 몸을 망치는 첩경이다. 그러므로 지혜로운 임금이나 조직 지도자는 분노의 목소리가 귀에 들려오고, 분노 띤 얼굴빛이 눈에 보이는 것을 가장 두려워한다. 목수는 자귀질이나 톱질을 할 때, 먹줄 튕긴 눈금을 따라 깎고 자른다. 활을 쏘는 사람은 활시위를 당겨서 목표물을 맞히면 된다. 시대상황은 늘 어지러울 수도 없고 늘 다스려질 수도 없다. 능력 없는 지도자가 그 자리에 있으면 조직은 어지럽고, 능력 있는 지도자가 그 자리에서 리더십을 발휘하면 조직은 제대로 운영된다. 지도자가 온전한 능력을 발휘할 때, 조직구성원은 감동을 만들어 낸다.

공손하고, 경애하고, 사양하고, 원한을 풀어가고, 다투지 않고, 서로가 대접해 준다면, 인심을 잃지 않는다. 반대로 다른 사람들과 이익을 다투고, 원한을 쌓고, 서로 간에 불손하면, 자기를 보존하기 어렵다.

위대하도다! 공손함과 공경함과 사랑을 베푸는 도여!

이는 크게 말하면 공동체 조직을 관리 경영하되 더 보탤 필요가 없는 방법이고, 작게 말하면 한 사람의 삶을 조절하는데 더 덜어낼 필요도 없는 방법이다. 먼저 조직의 본부나 중앙 부서에 시행해 보고, 각 부서나 팀에게 적용해 보라. 이것이 관리 운영의 요체임을 깨달을 것이니라!

이와 같은 진리가 몸에 배면 영예롭고 몸에서 떠나면 치욕이 다가올 것이다. 부지런히 행하여 몸에 배면 나태함이 없게 되고, 비록 게으른 구성원이 있다고 할지라도 감화를 주어 서로 간에 화합할 수 있을 것이다. 이런 믿음이 굳건하지 않다면 부모 형제간이라 해도 나중에서 서로 믿지 못하여 원수가 될 수도 있다. 그러므로 지도자는 몸소 사랑을 실천하여 영예스러운 인물이 되어야지, 증오로 포악해져서 치욕스러운 녀석으로 전락해서는 안 된다.

관자의 명언

칭신과자 강야
稱身過者 强也
치신절자 혜야
治身節者 惠也
불이불선귀인자 인야
不以不善歸人者 仁也

자신의 잘못을 말하는 사람은 강하다.
자신을 절제하고 다스리는 사람은 베푼다.
착하지 않은 짓을 다른 사람에게 하지 않는 사람은 어질다.

35. 리더, 조직의 심장

길은 멀리 있지 않지만 도달하기 어렵고
사람과 함께 머물러 있지만 파악하기 어렵다.
그 욕망을 비우면 헤아릴 수 없는 길이 들어와 자리하고
깨끗하지 못한 마음을 말끔히 씻으면 헤아릴 수 없는 길이 머문다.
사람은 모두 지혜롭고자 하나
누구도 그 지혜로움의 근원을 찾지 못한다.
지혜여! 지혜여!
바다 밖에 던져서 취할 수 없기를.
그것을 구하는 사람은 그것이 있는 곳을 알지 못한다.
저 올바른 사람은 완벽한 지혜를 구할 수 없음을 안다.

도불원 이난극야
道不遠 而難極也
여인병처 이난득야
與人竝處 而難得也
허기욕 신장입사
虛其欲 神將入舍
소제불결 신내유처
掃除不潔 神乃留處
인개욕지 이막색기소이지호
人皆欲智 而莫索其所以智乎
지호 지호 투지해외무자탈
智乎 智乎 投之海外無自奪
구지자 부득처지자
求之者 不得處之者
부정인무구지야
夫正人無求之也
심술 상
_「心術」上

마음은 지혜의 집이다. 지도자는 지혜의 집에서 다양한 지혜를 각 기관으로 내보내야 한다. 그래야 건강한 몸을 담보할 수 있다. 건강한 몸은 바로 건전한 조직이다.

『관자?』 제36편 「심술心術」 상上에서는 마음의 기능과 수양의 문제를 지도자와 조직구성원에 비유하고 있다.

관자의 기록

인간의 몸에서 심장은 지도자의 자리와 같다. 눈과 귀, 코, 입 등 각 기관은 참모나 부서장, 각 책임을 맡은 구성원에 비유할 수 있다.

심장은 마음이다. 마음이 제 역할을 다하면 여러 기관은 순리에 따라 제대로 움직인다. 그러나 마음이 욕심으로 가득 차면 눈으로는 색을 보지 못하고 귀로는 소리를 듣지 못한다. 그러므로 지도자가 직분을 제대로 이행하지 않으면 구성원들도 그 직분을 잃는다. 지도자를 대신하여 구성원들이 나서지 말아야 하며, 지도자가 능력을 충분히 발휘하도록 해야 한다. 구성원을 대신하여 지도자가 나서지 말아야 하며, 구성원이 그 힘을 남김없이 발휘하도록 해야 한다. 사물에 앞서 움직이지 말고 가만히 그 법칙을 살펴라! 경거망동하면 자기 자리를 잃고, 차분하게 행동하면 자리를 보존할 수 있다.

인간의 길은 인간이 이미 알고 있지만 실천하기 어렵다. 사람들이 함께 이야기하고 있지만 터득하기 어렵다. 인간의 길은 욕심을 비우면 내 안에 들어와 자리잡는다. 그것은 깨끗하지 못한 마음을 말끔히 씻어야만이 머문다. 사람은 누구나 지혜롭고자 하지만, 지혜롭게 만들어 주는 그것을 어느 누구도 찾지 못한다. 지혜여! 지혜여! 바다 밖에 던져서 취할 수 없게 하라! 우리는 이미 지혜를 알고 있다. 그것을 실천하기만 하면 된다. 지혜를 찾는 사람은 자기의 마땅한 자리를 얻기 어렵다. 그러기에 바른 사람은 지혜를 찾지 않는다. 이미 지혜는 내 안에 있으니까.

가장 아름답고 고귀한 인간의 길은 삶에 편안하게 적응되어 있다. 그러나 어떤 말로도 설명할 수 없다. 바른 사람의 말은 치우치지도 않고 복잡하게 꼬여 있지도 않다. 입으로 내놓을 수도 없고 색으로 보일 수도 없다. 욕심으로 가득한 세상 사람들이 어떻게 그 법칙을 알 수 있겠는가!

하늘은 텅 비고 땅은 꽉 차 있는 듯 든든하다. 이런 천지天地의 집을 깨끗이 하고 그 문을 열고 사사로운 욕심을 버리고 쓸데없는 말이 없으면서도 우주는 활력에 넘친다. 복잡하게 얽힌 듯한 움직임도 고요하게 저절로 흘러간다. 강함으로 모든 것을 완성할 수는 없으며 지혜로 모든 것을 도모할 수는 없다. 사물은 본디 형체가 있고 형체는 본디 이름이 있다. 명분이 실제에 합당하게 되었을 때 가장 아름다운 것이라고 한다.

죽음으로 사람을 위협할 수 있는 것은 사람이 죽음을 싫어하기 때문이다. 불이익으로 사람을 움직일 수 있는 것은 사람이 이익을 좋아하기 때문이다. 그러므로 지도자는 좋아하는 것에 유혹 당하지 않고 미워하는 것에 억눌리지 않으며, 차분하고 고요하게 본분을 다하며 술수나 속임수를 쓰지 않는다. 지도자가 사업을 구상할 때 이미 그렇게 될 것으로 설정되어 있는 것이 아니다. 사업의 실천 또한 취사선택에 의한 것이 아니다.

관자의 명언

도불원 난극야
道不遠 難極也
인병처 난득야
人竝處 難得也

길은 멀지 않지만 도달하기 어렵고
사람은 함께 있지만 알기 어렵다

36. 사물의 쓰임새

겉모습이 바르지 않은 사람은
덕이 쌓이지 않고
마음에 정성이 없는 사람은
마음이 다스려지지 않는다.
겉모습을 바르게 하고 덕을 수양하면
모든 일에 잘 들어맞는다.
사물에 상응하는 명칭을 가지고 오고
지도자가 이에 의거하여 재단하면
세상이 다스려진다.
실제 사물을 해치지 않고
세상에 혼란을 조성하지 않으면
세상은 잘 다스려진다.

형부정자 덕불래
形不正者 德不來
중부정자 심불치
中不精者 心不治
정형식덕 만물필득
正形飾德 萬物畢得
물재명이래 성인인이재지
物載名而來 聖人因而財之
이천하치 실불상
而天下治 實不傷
불난어천하 이천하치
不亂於天下 而天下治
심술 하
_「心術」下

세계의 모든 사물에는 명칭이 있다. 동물이건 식물이건 무생물이건, 나름대로의 이름이 있다. 지도자는 그런 사물을 그 본성에 따라 재단한다. 그리고 적재적소에 쓴다. 조직의 구성원도 마찬가지이다. 지도자는 구성원의 자질과 능력, 그들이 지닌 특성에 따라 쓰임새를 고민한다.

『관자』 제37편 「심술心術」하下는 사물의 명칭과 그것의 재단에 따라 조직을 관리 경영하는 양식을 일러준다. 정해진 사물의 명칭과 실제 사이에 일치성, 이른바 명실상부를 고민할 수 있다.

관자의 기록

겉모습이 바르지 않은 사람은 훌륭한 인격자로 보기 어렵다. 정성精誠이 없는 사람은 마음이 다스려지지 않는다. 겉모습을 바르게 하고 인격을 닦으면 모든 일이 제대로 들어맞는다. 새가 스스로 날아오는 것처럼, 인격의 수양이 어디로부터 오는지 알 수는 없지만, 세상을 정확히 알고 시대의 흐름을 통달할 수 있다.

때문에 다음과 같이 말한다. 바깥의 사물이 감각 기관을 어지럽게 만들지 않도록 하고, 감각 기관이 마음을 어지럽지 않게 하라! 내공은 이럴 때 쌓인다. 때문에 의기意氣가 안정된 후에 행위가 단정하게 돌아온다. 기는 몸을 채우는 것이고 행위는 일에 처해서 바름을 표현하는 것이다. 채우는 것이 온전하지 않으면 마음이 바깥 사물과 잘 들어맞지 않고, 행동이 바르지 않으면 구성원들이 복종하지 않는다. 때문에 지도자는 하늘과 같아서 개인적으로 강요하지 않고, 땅과 같아서 개인적으로 처리하지도 않는다. 개인적인 측면의 강조는 조직을 어지럽히는 짓이다.

뜻이 일관되고, 마음이 한결같고, 귀와 눈이 단정하면, 멀리 떨어져 있어도 어떤 일을 성취할지 알 수 있다. 일관되게 행동할 수 있는가? 한결같을 수 있는가? 단정히 할 수 있는가? 스스로 성취할 수 있는가? 그러므로 무엇을 성취할 수 있는지 깊이 생각하라. 깊이 생각해도 얻지 못하면 누군가가 반드시 가르쳐 준다. 이는 특별한 누군가의 가르침이나 힘이 아니라 정성精誠의 기가 도래한 것이다.

의기意氣를 온전하게 하여 변화시키는 것을 정성이라 한다. 하나의 일에 전념하여 변동을 유발하는 것을 지혜라고 한다. 널리 구하여 제대로 가려낼 때, 사물의 등급이 나누어진다. 변화의 추세를 파악하는 것이 사물의 변화에 대응하는 초석이다. 널리 구하여 제대로 가려내야 혼란에 빠지지 않고, 변화의 추세를 파악하여야 헷갈리지 않는다. 훌륭한 지도자는 정성을 다하기에 실수가 적고, 온갖 일, 온갖 사물을 두로 성찰하며 조직 경영에 운용한다.

훌륭한 지도자는 만물을 쓰임새 있게 만들지, 만물의 노예가 되어 끌려가지 않는다. 욕심을 부리지 않고 마음을 비우면 조직이 안정된다. 마음을 조절할 수 있으면 조직 운영도 조절할 수 있다. 조직 운영도 마음에 있고, 조직 안정도 마음에 있다. 마음 조절은 속에 있고, 말 조절은 입에 있으며, 조직 관리는 구성원과 관계된다. 그러므로 조직의 사업 방향이 정해지고, 구성원들이 이를 따르면 조직은 자연스럽게 번창한다.

구성원을 관리하는 방법은 벌칙이나 징계가 아니다. 구성원을 두렵게 하는 수단은 노여움이 아니다. 구성원을 관리하고 조직을 운영하는 길은 특별한 것이 아니다. 부서장이나 팀장, 참모가 벌칙을 내리거나 징계를 하는 것이 적합하다고 여기는 경우, 이는 조직 관리의 올바른 길은 아니다. 훌륭한 지도자의 조직 운영의 길은 시대의 변화를 간파하면서도 자신의 마음이 함부로 바뀌지 않고, 사물의 변화에 대응하면서도 자신의 마음을 함부로 움직이지 않고, 자신의 마음을 나날이 쓰면서도 과실이 없는 것이다.

사람의 본성은 바르고 고르다. 그러한 본성을 잃는 까닭은 지나치게 즐거워하고 노여워하기 때문이다. 노여움을 절제하는 데는 음악만한 것이 없고, 음악을 절제하는 데는 예의만한 것이 없고, 예의를 지키는 데는 공경만한 것이 없다. 밖으로 공경하고 안으로 고요한 사람은 반드시 그 본성을 회복할 수 있다.

어찌 이익되는 일이 없겠는가? 나는 이익을 추구하는 마음이 없다. 어찌 편안한 곳이 없겠는가? 나는 편안함을 추구하는 마음이 없다. 마음 가운데 또 마음이 있다. 뜻이 말보다 앞서고, 뜻이 있은 다음에 마음이 생기고, 마음이 생긴 다음에 생각이 만들어지고, 생각이 만들어진 다음에 앎이 이루어진다. 마음에서 앎을 이루기까지, 앎이 지나치면 본성을 잃게 된다. 때문에 정기가 안으로 모여서 사람을 만드는 원천을 이룬다. 원천이 고갈되지 않아야 안과 밖이 통하고, 원천이 마르지 않아야 몸이 견고해진다. 지도자가 이러한 원칙을 운용하면 구성원들은 진정으로 복종한다.

관자의 명언

形不正(형부정) 德不來(덕불래)
中不精(중부정) 心不治(심불치)

겉모습이 바르지 않으면 덕이 오지 않고
속에 정성이 없으면 마음이 다스려지지 않는다.

37. 욕심 버리기

남의 말이 착하더라도 무조건 듣지 말고
남의 말이 악하더라고 무조건 듣지 말라.
평정을 지켜 비방과 칭찬을 기다리고
마음을 비워 양면으로 따지지 않아야
깨끗하게 절로 맑아진다.
지나치게 성공했다고 자만하지 말고
살펴 검증하며
말재주 부리는 말을 듣지 말라.
만물에 돌아가면
아름다움과 악함이 절로 드러난다.

인 언 선 역 물 청
人言善亦勿聽
인 언 악 역 물 청
人言惡亦勿聽
지 이 대 지
持而待之
공 연 물 량 지
空然勿兩之
숙 연 자 청
淑然自清
무 이 방 언 위 사 성
無以傍言爲事成
찰 이 징 지
察而徵之
무 청 변
無聽辯
만 물 귀 지　미 악 급 자 현
萬物歸之　美惡乃自見
백 심
__「白心」

다른 사람의 말이 좋더라도 듣지 말고, 싫더라도 또한 듣지 말라. 칭찬이건 비방이건 평정심을 잃지 않고, 싫음의 양면을 지나치게 따지지 말아야, 마음이 깨끗하게 저절로 밝아진다. 과대하게 성공을 포장하여 말하지 않는지 잘 살펴서 검증하라. 말 잘하는 사람의 꾸민 말을 듣지 말라. 충실하면 좋음과 싫음, 아름다움과 추함은 저절로 드러난다. 이처럼 지도자는 어떤 상황이건 개의치 않고 마음을 비운다. 욕심을 부리지 않는다. 단지 상황에 맞게 자신을 거둘 뿐이다.

『관자』 제38편 「백심白心」에는 욕심 없이 마음을 비우는 함양의 방법과 지도자의 내면적 자세를 기록하고 있다.

관자의 기록

일정한 규율을 세워서 조직의 질서를 확립하라. 욕심을 버리고 마음을 비워 차분하게 하는 것을 근본으로 삼으라. 상황에 맞게 적절하게 실천하는 것을 보배로 삼으라. 그렇게 하여 구성원 간에 서로 화합하면 조직은 끊임없이 번영하며 지속력을 지닌다.

정해진 규율이 아니면 이롭더라도 행하지 않고, 길이 아니면 이롭더라도 취하지 않는다. 가장 좋은 것은 자연의 법칙을 모방하여 응용하는 일이고, 그 다음은 조직구성원들 마음을 따르는 일이다. 구성원들이 서로 합의하여 만들지 않으면 화합이 이루어지지 않고, 지도자가 먼저 시작하지 않으면 구성원들이 따르지 않는다. 지도자가 원칙을 제대로 이행할 때, 그의 말을 신뢰하고 그의 행동을 따른다.

우주 자연의 법칙은 어떤 사물이건 관계없이 그것의 성장을 돕는다. 마찬가지로 훌륭한 지도자는 구성원 한 사람 한 사람을 돕는다. 자연은 스스로 순환하고 운행하여 만물에 이익을 주고, 훌륭한 지도자 역시 자신의 본분을 다하여 구성원에게 그 이익을 준다. 훌륭한 지도자의 조직 관리 운영은 자신의 본분을 다하고 차분하게 기다리는데, 사업이 이루어지면 명분이 저절로 선다. 명분을 바로 하면 가만히 두어도 조직이 저절로 움직이고, 명분이 없으면 조직은 무너지기 쉽다. 명분이 바르고 규율이 갖추어지면 지도자는 무사태평하다.

조직의 규율은 늘 독차지하거나 마음대로 폐기할 수 있는 것이 아니다. 시대의 변화에 따라 일을 판단하고 시기를 조절하여 일을 처리해야 한다. 변화의 폭이 큰 것은 큰 틀에서 보아야 하고, 폭이 작은 것은 실제 움직임에서 볼 필요가 있다. 조직 운영상 어떤 것은 남고 어떤 것은 부족하다.

다툼의 발생 원인이 다른 사람이나 다른 조직에 있다고 하지 말라! 다른 사람이나 다른 조직이 침입하는 것은 자신이 이미 침입의 원인을 제공했기 때문이다. 다툼에서 지느냐 승리하느냐는 다른 사람이나 다른 조직의 활동 여하에 달려 있다. 그러나 그 승리 여부를 평가하는 것은 오직 자신에게 달렸다. 강한 힘을 지녔지만 교만한 사람은 그 강한 힘을 손상한다. 연약한데도 교만한 사람은 망함을 재촉한다. 강한 힘을 지녔으면서도 겸손하고 정의로우면 그 강한 힘을 펼 수 있다. 연약하지만 겸손하고 정의로우면 재앙에서 벗어날 수 있다.

지도자가 리더십을 지니는 것은 큰 북을 치는 것에 비유할 수 있다. 북과 같이 스스로 요동할 수 없는 것은 요동시켜야 한다. 왜냐하면 자연의 법칙은 육안으로 보아도 쉽게 보지 못하고 귀로 들어도 쉽게 듣지 못하고, 우주에 가득하여도 그 충만함을 보지 못하기 때문이다. 그것이 안색에 모이고 살갗에 닿으며 왔다 갔다 하여도 그 운행의 시기를 아는 이가 없다. 온갖 사물이 사방에 널려 있어도 하늘은 무궁무진하게 허공으로 향해 있어 우주의 문을 열 수 없다. 그러므로 자연의 법칙, 우주는 입으로 하면 소리가 나오고, 귀로 하면 듣게 되며, 눈으로 하면 볼 수 있고, 손으로 하면 가리킬 수 있으며, 발로 하면 밟을 수 있다. 이처럼 자연의 법칙은 사물에 의지하여 인식할 수 있는 것이다. 지도자의 리더십 발휘도 이와 유사하다.

삶에의 의지는 삶을 부르고 죽음에의 의지는 죽음을 부른다. 사람은 제각각의 의지와 취향에 따라 삶과 죽음을 가로지른다. 인간의 보편적 윤리를 확립하여 올바름을 추구하는가? 조직의 규율을 세워 구성원들의 지도자 노릇을 하는가? 가장 훌륭한 지도자는 입에 쓸데없는 말이 없고, 손에 쓸데없는 가리킴이 없다. 단지 사물에 따라 설명할 뿐이다. 이름이 있고 직접 느껴지고 보이는 것은 논의할 수 있는 것이다. 이름이 없고 직접 느껴지거나 보이지 않는 것은 논의할 수 없는 것이다. 그러나 최고의 리더십이 발휘될 때는 이런 상황조차도 뛰어넘는다.

일에는 적합함이 있다. 그런데 적합하지 않음을 느껴보아야 비로소 적합함을 인식한다. 좋은 일을 행할 때는 드러내지 말라. 나쁜 일을 행하면 벌을 받게 된다. 좋은 일과 나쁜 일은 구성원에게 신뢰를 줄 수 있느냐 없느냐의 중대한 문제이다. 이쪽으로 할까? 저쪽으로 할까? 오직 가운데, 올바름으로 하라! 올바름의 길은 해와 달의 운행처럼 그침이 없는 듯하다. 곧은 말을 하는 지도자는 세상의 변화, 조직의 사업으로 크게 근심하지 않는다. 열심히 노력하는 사람은 세상 사물을 다 차지하여도 만족하지 않는다. 누가 열심히 노력하는 사람을 버리고 곧은 말을 하는 지도자라고 할 수 있겠는가?

조직의 법도나 규율은 지도자가 마음대로 말할 수 있는 것이 아니다. 반드시 조직구성원들과 함께 의논하여 제정하고 시행해야 한다. 억지로 더하거나 줄이는 것이 없어야 갈등의 소지가 줄어든다. 지혜가 어찌 지혜로우며, 도모함이 어찌 도모함이 되는가? 구성원들의 처지를 살펴서 규율을 제정하고 시행하는 지도자에게는 구성원들이 알아서 찾아온다. 스스로 살피고 다른 사람의 상황을 이해하면 성공한다. 사람들의 상황을 이해하면 옳은 방향을 찾아 나아갈 수 있기에 조직 관리나 운영에 체계가 잡힌다. 지도자의 내면, 곧 마음의 견고함이 한결같으면 그 조직은 오래 갈 수 있다. 구성원들과 토론하여 조직 운영을 하면 어떤 조직보다도 부유하고 강한 지도자가 될 수 있다.

지도자는 우주 자연의 법칙을 살펴서 조직 경영에 응용하고, 세상 돌아가는 이치를 살펴서 시대 상황을 읽고, 조직의 사업을 번창시켜야 한다. 자식이 부모를 대신할 수 있는가! 참모가 지도자를 대신할 수 있는가! 누가 자신의 유창한 말솜씨와 현란한 재주를 버리고, 조직구성원들과 함께할 수 있는가? 지도자가 지위만을 지키려고 한다면 위태롭게 된다. 이름이 세상에 가득하기만 한 것은 차라리 그 이름을 폐기하는 것만 못하다. 이름이 높아지면 몸을 낮추어라. 그것이 세상을 살아가는 이치이다. 이미 번성한 조직의 책임을 맡지 말라! 번성한 집안에는 딸을 시집보내지 말라! 교만하고 포악한 사람과 함께 사귀지 말라!

공동체 조직의 지도자는 자신만의 길이 있다. 그 길은 크기가 하늘과 같고, 넓기가 땅과 같으며, 무겁기는 돌과 같고, 가볍기는 깃털과 같다. 구성원들과 늘 함께하지만 그것을 아는 구성원은 적다. 길은 가까이 있는데 어찌하여 시행하는 자가 없는가? 가까운 것을 버리고 먼 곳으로 나가 힘을 소모하는가?

내 자신을 아끼려면 우선 자신의 뜻을 알아야 하고, 세상만사의 변화를 두루 살펴 몸과 마음을 고찰하라! 상황을 알아야 행하는 뜻을 알게 되고, 행하는 뜻을 알아야 삶도 성숙할 수 있다. 좌우전후를 두루 살펴 나의 길이 어디에 있는지 모색하라! 인간을 예의로 대하고 정해진 규율을 실천하여 사람의 길을 경건히 맞이하라! 사람의 길을 제대로 인도하여, 함부로 옮겨가거나 넘치지 않아야 생명력이 유지된다. 화합으로 올바름을 회복하여야 몸과 마음이 서로 보존된다. 한결같이 의심이 없을 때 인간의 길이 보인다.

관자의 명언

言善勿聽(언선물청)
言惡勿聽(언악물청)
持而待之(지이대지)
空然勿兩之(공연물량지)
淑然自淸(숙연자청)

남의 말이 착하더라도 함부로 듣지 말고
남의 말이 악하더라도 함부로 듣지 말라.
평정을 지켜 비방과 명예를 기다리고
마음을 비워 양면으로 따지지 말라.
깨끗하게 저절로 맑아진다.

38. 공동체의 생명력

물이란 부드럽고 맑아서
사람의 때를 씻어주기를 좋아하기 때문에 어질다.
눈에는 검게 보이나 오히려 희고 깨끗하다.
그릇에 담고 밀대를 사용하지 않아도 저절로 평평하게 되고
꽉 차면 그치는 것이 바르다.
어느 곳에나 흐르지 않는 곳이 없으며
평형을 유지하여 그치니 옳음이다.
사람은 모두 높은 것을 좋아하나
물은 낮은 곳을 좋아하여 자기를 낮춘다.
자기를 낮추는 곳은 도가 머무는 집이므로
지도자가 늘 사용하는 도구가 되고
이 물은 모든 것이 모여드는 귀의처가 된다.

부수뇨약이청 이호쇄인지악 인야
夫水淖弱以淸 而好灑人之惡 仁也
시지흑이백 정야
視之黑而白 精也
양지불가사개 지만이지 정야
量之不可使概 至滿而止 正也
유무불류 지평이지 의야
唯無不流 至平而止 義也
인개부고 기독부하 비야
人皆赴高 己獨赴下 卑也
비야자 도지실 왕자지기야
卑也者 道之室 王者之器也
이수이위도거
而水以爲都居
수지
—「水地」

흔히 물은 생명의 근원을 상징한다고 말한다. 물은 모든 사물의 생명력을 지탱해주는 근원이다. 『노자 도덕경』(8장)에도 상선약수上善若水라고 했다. 물은 만물을 이롭게 해주지만 다투지 않는다. 오히려 사람들이 싫어할 수 있는 낮은 곳으로 흐른다. 이를 두고 도에 가깝다고 한다.

물의 정미하고 거친 기운은 서로 뒤엉켜서 모든 사물 속에 늘 보존되어 있고 없앨 수 없다. 용과 거북 같은 신령스런 동물은 깊은 물 속에 잠겨 있으면서 몸을 나타내기도 하고 감추기도 한다. 이처럼 물은 어떤 때는 세상에 드러내고, 어떤 때는 세상에서 감추기도 하는 신비의 장이기도 하다. 그러나 사람들은 이런 물을 아무 생각 없이 사용한다.

그러나 『관자』 제39편 「수지水地」는 물에서 법칙을 찾으라고 권고한다. 즉 물의 성질과 사람 심성의 연관성을 보여주며 그것을 응용하라고 충고한다.

관자의 기록

땅은 모든 사물의 근원처이다. 모든 생명체가 여기에 뿌리박고 살아간다. 아름다움과 추함, 잘남과 못남, 뛰어남과 어리석음이 나는 곳이다. 물은 땅에서 혈기와 같은데, 사람에게 혈맥에 피가 흐르는 것과 같다. 그러므로 물은 모든 가능성의 근원이다. 그것을 어떻게 알 수 있는가? 물은 부드럽고 맑아서 사람에게 낀 때를 씻는 데 적합하므로 좋은 것이다. 눈에는 검푸르게 보일 수도 있으나 맑고 깨끗하여 순수하다. 어느 곳에나 흐르지 않는 곳이 없으며 농도에 따라 평형을 유지한다. 그러므로 마땅함의 표준이 된다. 인간은 모두 높은 것으로 달려 나가지만 물은 낮은 곳으로 흘러 자기를 낮춘다. 자기를 낮추는 곳은 삶의 길이 머무는 집이 된다. 이것이 바로 지도자가 응용하는 사업 관리와 경영의 방법이다. 물은 모든 것이 모여드는 집이다.

물을 이용하여 재는 기구로 토목공사에 많이 사용하는 수준기水準器는 모든 계량기 가운데 으뜸이다. 물이 지닌 맑은 색은 모든 색깔의 바탕이다. 물의 담담함은 모든 맛의 중심이다. 그러므로 물은 모든 사물의 기준이고 모든 생명체의 핵심이며, 옳고 그름, 얻고 잃음의 밑바탕이다. 물은 어느 곳이건 충만하지 않는 데가 없고, 자리잡고 있지 않은 데가 없다. 하늘과 땅에 모여 있고, 모든 사물 속에 감추어져 있으며, 돌 틈에서 생겨나서 모든 생명체로 스며들어 응집되어 있다. 그러기에 물을 신령스럽다고 한다.

물이 풀과 나무에 흡수되면, 뿌리는 물을 빨아들여 생장의 근원으로 삼고, 꽃은 적당한 숫자로 피게 되며, 열매는 이에 알맞게 열린다. 새와 짐승이 물을 마시면, 몸을 살찌울 수 있고, 깃과

털이 무성하게 되며, 그 색채 무늬는 선명하게 빛난다. 모든 사물은 바로 이 물 때문에 생명의 기운을 돋우고, 나름의 항상성을 유지한다. 그러므로 모든 사물은 내부에 적당한 수분을 보존하고 있다.

사람은 물이다. 사람의 탄생은 남자와 여자의 정기精氣가 합하고 물이 흘러서 태아가 형성되는 데서 비롯된다. 태아는 모체에서 석 달을 머물며 온갖 맛을 머금는다. 모든 맛은 오장이 갖추어지면서 경험하고 간직된다. 오장이 갖추어지면 뼈나 근육을 비롯하여 뇌, 피부, 살 등이 생긴다. 그리고 눈, 귀, 코, 입, 생식기 등이 만들어진다. 태아는 모든 기관이 5개월 만에 완성되고 10개월이 되면 출생한다. 출생하고 나면 눈으로는 볼 수 있고, 귀로는 들을 수 있고, 마음으로는 생각할 수 있다. 눈으로 볼 수 있는 것은 큰 산등성이뿐만 아니라, 작은 물체까지도 살필 수 있다. 귀로 들을 수 있는 것은 큰 북소리뿐만 아니라 아주 작은 소리까지도 들을 수 있다. 마음이 생각할 수 있는 것은 크고 거친 사물뿐만 아니라, 지극히 작고 섬세한 것도 헤아릴 수 있다.

세상의 모든 것을 갖춘 것은 무엇인가? 물이다. 모든 사물은 물에 의존하지 않고 살 수 없다. 오직 물에 의존하고 있다는 사실을 알아야만 바르게 된다. 모든 것을 갖춘 것은 물이다. 그러기에 물은 무엇인가? 라고 다시 묻는다면, 모든 사물의 본원이며 모든 생명체의 근원적 원질이다. 아름다움과 추함, 잘남과 못남, 뛰어남과 어리석음이 모두 여기에서 나온다.

물이 그러하다는 것을 어떻게 알 수 있는가? 중국 고대 여러 나라의 물의 특성을 살펴보자.

제齊나라의 물은 그 흐름이 급속하고 출렁이며 성대하였다. 그러기에 백성들의 성품도 이익을 탐하고 거칠면서 무용武勇을 좋아하였다.

초楚나라의 물은 그 흐름이 잔잔하면서 맑고 깨끗하였다. 이에 백성들의 성품도 경쾌하고 과감성이 있었다.

월越나라의 물은 흙탕물인데 흐르지 않고 고여 있었다. 그러기에 백성들의 심성이 우둔하고 시기 질투가 많으면서 또한 더러웠다.

진秦나라의 물은 고여 있고 제대로 흐르지 않았고, 진흙이 가라앉아 있었다. 이에 백성들의 심성이 욕심이 많고 사나우며 기만하고 살육을 즐겼다.

진晉나라의 물은 거의 말라 있었는데, 물이 적기도 했지만 혼탁하였다. 그러므로 백성들의 심성이 아첨하기를 좋아하며, 엉뚱한 일을 하면서 이익을 밝혔다.

연燕나라의 물은 깊으면서 고여 있었는데, 그 속에는 더러운

이물질들이 가라앉아 있었다. 그러기에 백성들의 심성이 어리석고 고지식하지만 너무 경솔하게 덤벼들며, 기분 내키는 대로 싸움을 벌여 죽음을 가볍게 여겼다.

송宋나라의 물은 그 흐름이 경쾌하면서 굳세고 맑고 깨끗하였다. 이에 백성들의 심성이 단순하고 소박하며 올바름을 좋아하였다. 이런 물의 특성과 인간의 심성 관계를 잘 살펴, 지도자는 조직 운영에서 시사점을 삼을 수 있다.

다시 강조하면 물이 순수하면 구성원들의 마음도 순수하다. 물이 맑으면 구성원들의 마음도 맑다. 구성원들의 마음이 순수하고 맑으면 나쁜 행위로 빠져들지 않는다. 그러므로 지도자가 조직을 관리 운영하는 데, 구성원들을 깨우치려 들 것도 없고 일일이 찾아다니면서 달래려고 할 필요도 없다. 문제 해결의 열쇠는 각 지방별, 부서별, 팀별로 그 공동체가 지니고 있는 물이 어떤지, 그 특성을 살피는 데 있다.

관자의 명언

人皆赴高(인개부고)
水獨赴下(수독부하) 卑也(비야)
卑也者(비야자) 道之室(도지실)

사람은 모두 높은 것을 좋아하나
물은 낮은 곳을 좋아하여 자기를 낮춘다.
낮추는 곳은 도가 머무는 집이다.

39. 마음의 평정

사람의 생명력은

반드시 평정으로서 지속해야 한다.

그것을 잃는 까닭은

반드시 기쁨과 노여움, 근심과 걱정이 있기 때문이다.

그러므로 노여움을 그치는 데는 시보다 좋은 것이 없고

근심을 없애는 데는 음악보다 좋은 것이 없으며

음악을 조절하는 데는 예의보다 좋은 것이 없고

예의를 지키는 데는 공경함보다 좋은 것이 없으며

공경함을 지키는 데는 마음을 고요하게 하는 일보다 좋은 것이 없다.

안으로 고요하고 밖으로 공경하면

그 본성을 회복할 수 있어

본성은 크게 안정될 것이다.

인지생야 필이평정
人之生也 必以平正

소이실지 필이희노우환
所以失之 必以喜怒憂患

시고지노막약시 거우막약악
是故止怒莫若詩 去憂莫若樂

절악막약례 수례막약경
節樂莫若禮 守禮莫若敬

수경막약경 내정외경
守敬莫若靜 內靜外敬

능반기성 성장대정
能反其性 性將大定

내업
_「內業」

사람의 생명력은 정신과 육체의 융합이다. 이 둘의 융화가 화해의 장에서 만나면 생명력을 지니고, 그렇지 못하면 생명력을 잃는다. 화해의 길은 가슴 속을 차분하게 마음을 충만하게 하는 일이다. 분노하여 절도를 잃으면 생명력을 지킬 수 없다. 그것은 죽음으로의 전락이다.

이처럼 마음의 상황과 그 수양 방법을 고민한 것이 『관자』 제49편 「내업內業」의 기록이다.

관자의 기록

모든 사물은 스스로 지니고 있는 정기를 합쳐서 생기를 표출한다. 땅에서는 온갖 곡식과 초목, 짐승들이 살고, 하늘에서 온갖 별들이 수를 놓고 있다. 이런 하늘과 땅 사이에 떠돌아다니는 것도 있다. 최고지도자의 인격을 갖춘 존재라면, 가슴 속에 이런 천지우주의 법칙을 담고 있으리라!

모든 사물이 지닌 정기는 밝아서 하늘에 오른 것과도 같고, 어두워서 심연으로 빠져드는 것과도 같으며, 아득하여 바다를 표류하는 것과도 같고, 홀연히 자신에게 있는 것과도 같다. 그러기에 이런 정기는 힘으로 멈추게 할 수는 없어도 덕으로 안정시킬 수는 있으며, 소리쳐 부를 수는 없어도 마음의 뜻으로 맞이할 수는 있다. 경건함을 지켜 잃지 말라! 그래야 지도자로서의 덕을 이루었다고 할 수 있다. 덕을 이루어야 지혜가 나오고 모든 사물을 얻을 수 있다.

마음의 모습은 어떠한가? 저절로 충실하다. 저절로 찬다. 저절로 낳는다. 저절로 이룬다. 그런데 마음을 잃는 것은 반드시 근심이나 즐거움, 기쁨, 노여움, 욕심, 이기심과 같은 욕망 때문이다. 이런 것들을 없애려면 마음을 차분하게 해야 한다. 평정심을 유지해야 하는 것이다. 마음은 편안해야 이로운 특징을 지닌다. 어지럽지 않고 차분해야만 마음은 자신의 모습을 저절로 이룰 수 있다.

하늘은 바름을 그 특성으로 하고, 땅은 고름을 그 특성으로 하며, 사람은 편안함을 추구한다. 봄, 여름, 가을, 겨울, 사계절은 하늘이 때에 맞춰 내리는 명령이고, 산이나 언덕, 내, 골짜기는 땅이 지닌 기본 바탕이다. 기쁨과 노여움, 가지려는 마음과 베푸는 행동 등은 인간이 꾀하는 일이다. 그러므로 지도자는 상황에 잘 따르지만 근본을 변화시키지는 않고 사물을 따르지만 함부로 옮겨 다니지는 않는다. 마음이 정해져 중심을 잡고 있으면 귀와 눈이 밝아지고 팔 다리가 견고해지니, 정기가 머무는 곳이라 할 수 있다. 정기는 사람의 길을 얻어야 생명력을 지닐 수 있고, 생명력을 얻어야 생각할 수 있고, 생각하면 앎을 얻을 수 있고, 알게 되면 착한 일을 할 수 있다. 그러나 앎이 지나치면 오히려 마음은 생명력을 잃게 된다.

하나의 사물이 다른 사물과 반응하여 변화하는 것을 보면 신비스럽다. 한 가지 일에 반응하여 변하는 것을 보면 지혜롭다. 변화하되 정기는 바뀌지 않고 변하되 지혜는 바뀌지 않으니, 오직 핵심을 파악한 지도자만이 이를 해낼 수 있다. 핵심을 파악하고 잃지 않으면 모든 사물을 제대로 다룰 수 있다. 지도자가 모든 사물을 응용하고, 그것이 하나라는 이치를 터득하면, 마음은 저절로 편안해진다. 그것이 조직을 다스리는 기초이다.

인간이 가야 할 올바른 길은 세상 곳곳에 널리 퍼져 있다. 일상생활 속에 있음에도 불구하고 사람들은 그것을 알지 못한다. 위로는 하늘에 이르고 아래로는 땅에 미쳐 온 세상에 널리 퍼져 있다. 어떻게 그것을 이해할 수 있는가? 마음이 편안할 때 파악이 가능하다. 내 마음이 다스려지면 감각 기관이 다스려지고, 내 마음이 편안하면 감각 기관이 편안해진다. 다스려지는 것도 마음이고 편안해지는 것도 마음이다. 마음은 가슴 속에 숨어 있고, 마음 가운데 또 마음이 있다. 저 마음의 마음은 먼저 소리로 말한다. 소리가 있고 난 뒤에 형체가 있다. 형체가 있고 난 뒤에 말이 있다. 말이 있은 후에 부림이 있고, 부림이 있은 후에 다스림이 있다. 다스려지지 않으면 마음이 반드시 어지러워진다. 마음이 어지럽게 되면 그 사람은 스스로 죽음으로 전락한다.

정기가 보존되면 저절로 생기가 돈다. 생기는 몸에서 빛난다. 이것을 마음에 감추어 두고 근원으로 삼으면 광대하고 평화로워져서 정기의 근원이 된다. 이 근원은 마르지 않는다. 때문에 육체가 강건해진다. 안으로 미혹된 뜻이 없으므로 밖으로 해로움이 없다. 안에서 온전한 것은 마음이요, 밖으로 온전한 것은 몸이다. 자연 재해를 만나지 않으면 사람을 해치는 일도 없다. 사람의 마음이 바르고 고요해지면, 몸도 넉넉하고 관대해지며, 귀와 눈이 총명해지며, 근육이 펴지고 뼈가 강해진다. 이런 정도가 되면, 저 높은 하늘을 이고 저 넓은 땅을 밟으며, 자신을 허공에 비추어보고, 해와 달에서 자기를 본다. 경건하여 잘못되는 일이 없고 날로 자신의 인격을 새롭게 하여 세상과 공동체 조직에 영향을 미칠 수 있다. 경건하게 몸에 가득 채운 정기를 펼칠 때, 내면의 마음으로 깨달았다고 한다. 그러한 마음에서 성찰할 때, 개인이나 조직의 생명력은 충만하는 법이다.

몸이 바르게 되어야 혈기가 차분해진다. 한 뜻으로 마음을 잡아야 귀와 눈이 다른 곳을 넘보지 않는다. 깊은 생각은 지혜를 낳는다. 게으르고 경솔한 행동은 근심을 낳는다. 포악하고 오만한 행위는 원망을 낳는다. 우울한 삶은 병을 낳고, 이런 병이 오래 되면 죽음에 직면할 수 있다. 사념을 버리지 않아 안으로는 괴롭고 밖으로 궁색하면, 오래지 않아 병이 들게 마련이다. 그러면 생기가 몸에서 떠나고 말 것이다. 먹는 것을 배부르게 하지 말라. 사념을 적절하게 하라. 절제하고 조절하라. 생기는 저절로 회복될 것이다.

사람의 생명력은 차분함으로 지속할 필요가 있다. 그것을 잃는 까닭은 반드시 기쁨과 노여움, 근심과 걱정을 두기 때문이다. 노여움을 그치는 데는 시보다 좋은 것이 없고, 근심을 없애는 데는 음악보다 좋은 것이 없으며, 즐거움을 조절하는 데는 예의보다 좋은 것이 없고, 예의를 지키는 데는 공경함보다 좋은 것이 없으며, 공경함을 지키는 데는 마음의 평온보다 좋은 것이 없다. 안으로 고요하고 밖으로 공경하면, 마음을 회복할 수 있고 평온을 지속할 수 있다.

지나치게 배부르게 먹지 말라. 몸을 손상시킬 수 있다. 지나치게 굶주리지 말라. 뼈가 마르고 피가 말라 야위게 된다. 배부르게 먹거나 지나치게 굶주리는 행위를 조절하라. 그래야 몸의 조화가 이루어지고 정기가 의지하는 곳이 있게 되고, 지혜가 샘솟아 날 수 있다. 굶주리거나 배부름으로 절도를 잃으면 죽음에 이르기 쉽다. 배부르면 즐겁게 움직이고, 굶주리면 생각을 못하게 되고 늙으면 오랫동안 헤아리게 된다. 배부른데도 즐겁지 않으면 기가 사지에 통하지 않은 것이다. 굶주렸는데 생각을 하게 되고 배부른데도 움직이지 않고 늙어서 오랫동안 헤아리지 못하게 되면, 마침내 피곤해져서 이내 생기를 다하게 된다. 넓은 마음이 막히고 너그러운 기운이 펴지면 그 몸이 안정되어 다른 곳으로 옮겨가지 않게 된다. 온갖 잡다한 일을 버린다면, 이익을 보고 유혹되지 않고, 해를 보아도 두려워하지 않으며, 너그러움이 천천히 펼쳐져서 사랑이 가득하게 된다.

사람의 생명력은 반드시 그 기쁨으로 유지된다. 근심하면 조리를 잃고, 노여워하면 두서를 잃는다. 근심하고 슬퍼하고 기뻐하고 노여워하는 마음에는 올바른 인간의 길이 열리지 않는다. 애욕을 가라앉히고, 간사하고 어지러운 마음을 바르게 하여, 끌어내지도 말고 좇아가지도 말아야 복이 저절로 돌아온다. 인간이 염원하는 올바른 길은 평온한 마음에 저절로 당도한다. 때문에 차분하면 얻고 조급하면 잃는다. 참된 인간의 길을 얻은 사람은 나쁜 기운이 피부를 통과하여 증발하고 털구멍을 통과하여 빠져나가기 때문에 가슴 속에 나쁜 기운이 없게 된다. 욕심을 조절할 줄 아는 인간의 마음에 어찌 욕망이 끼어들겠는가!

관자의 명언

인 지 생 야　필 이 평 정
人之生也　必以平正
내 정 외 경　성 장 대 정
內靜外敬　性將大定

사람의 생명력은 반드시 평정으로 지속해야 한다.

안으로 고요하고 밖으로 공경하면 본성은 제대로 안정된다.

40. 공부의 법칙

국가지도자는 국민들의 성품을 변화시킨 후에
국민들과 친하게 될 수 있다.
국민들이 안일하고자 하면 피곤할 정도로 가르치고
국민들이 살고자 하면 죽을 각오로 가르친다.
피곤할 정도로 열심히 가르쳐 안정되면 나라가 부유하게 되고
죽을 힘을 다해 가르쳐 안정되면 위엄이 행해진다.

위국자 반민성
爲國者 反民性
연후가이여민척
然後可以與民戚
민욕일이교이로
民欲佚而教以勞
민욕생이교이사
民欲生而教以死
노교정이국부
勞教定而國富
사교정이위행
死教定而威行
치미
—「侈靡」

『관자』 제35편 「치미侈靡」에는 정치와 교육 중 어느 것에 우선순위가 있는지 그 경중을 따지면서 교육에 대해 다음과 같이 형용하는 대목이 있다.

정치와 교육은 비슷하지만 방법이 다르다. 교육은 가을날 두둥실 떠가는 구름이 사람의 마음에 비애를 자아내고, 여름날 느릿느릿 움직이는 구름이 사람의 마음에 원망을 일으키는 것과 같다. 그윽하고 고요한 밝은 달이 사람의 뜻을 움직이고, 졸졸 흐르는 시냇물이 마음으로 생각하게 만드는 것과 같다. 이처럼 자연이 인간에게 그 감정을 돌아보게 하고 움직이게 하는 것이 교육의 시작이다. 교육은 반드시 스스로의 준비가 요청되는데, 이는 가을날 구름이 일어나기 시작하는 것과도 같다. 현명한 사람이 어리석은 자를 교육하고 어리석은 자는 현명한 사람을 보고 감화 받는다. 제자는 스승을 공경하여 받들고 스승은 제자를 사랑하며 제자들의 재능을 살려준다. 이렇게 하면 제자들은 신산神山에 울타리를 만들어 제사를 지내듯이 성실하게 배운다.

학생들은 배우는 존재이다. 그들은 배우기 이전에 배움의 법칙에 대해 고민해야 한다. 「치미」편과는 달리 제59편 「제자직弟子職」은 배움의 구체적인 방법을 매우 적극적으로 제시하였다. 학생들이 지켜야 하는 법도는 학업學業과 덕행德行의 실천 사례를 함께 말하고, 하루 일과에서 무엇을 할 것인지 잘 일러준다. 아침에 할 일, 수업 중에 할 일, 손님이 찾아왔을 때의 행동, 복습의 원칙 등이 제시되었다. 이 모든 법도는 학생들이 인격을 함양하고, 학업을 닦으며, 스승을 모시는 규칙이다.

관자의 기록

선생이 가르침을 베풀 때에 학생은 이를 본받아야 한다. 온량溫良하고 공경하며 겸허하면 제대로 가르침을 받았다고 볼 수 있다. 착한 일을 보면 따르고, 올바른 도리를 들으면 실천한다. 뜻이 헛되거나 사악하지 않아야 하고, 행동은 곧고 바르게 해야 한다. 외출을 할 경우에는 반드시 인격을 갖춘 훌륭한 사람을 가까이 하라. 겉모습은 정숙하고 장중해야 하며, 속마음은 반드시 법도에 합당해야 한다. 일찍 일어나고 밤늦게 잔다. 의복은 잘 개어서 정리하라. 아침에는 선생의 가르침을 받고, 저녁에는 배운 것을 익히되, 늘 신중하라. 배움의 법칙은 이런 일들을 게을리하지 않는 것이다.

학생들이 선생을 따라 학습할 때에는, 반드시 차례가 있다. 나이 많은 연장자가 먼저 하는 것이다. 최소한 1년 동안은 그렇게 한다. 처음에 선생을 따라 배울 내용을 암송할 때에는 반드시 일어선다. 선생과 제자의 대화에서 모든 말과 행동은 상황에 적절한 물음과 대답을 기준으로 삼는다. 늦게 온 사람이 자기 자리에 앉으려고 할 때, 곁에 앉은 사람은 일어나 길을 양보해 주라. 간혹 손님이 방문할 수 있다. 이때 제자는 재빨리 몸을 일으키고, 온화한 얼굴로 손님을 대하라. 절대 냉담한 표정을 지어서는 안 된다. 뿐만 아니라 손님의 물음에 적절하게 응하고 수행하라. 손님이 찾는 사람이 계시지 않더라도 반드시 손님에게 상황을 알리고, 되돌아가 공부를 계속하라. 공부를 하다가 의심나는 부분이 있으면 공손하게 질문하라. 선생이 나갈 때, 제자들은 모두 일어나 예의를 갖춘다.

하루 일과가 끝나고 선생이 휴식에 들어가면, 학생들은 친구들과 삼삼오오 모여서 서로 묻고 배운다. 또한 제각기 절차탁마切磋琢磨하여 그날 배운 내용의 핵심을 어떻게 실천할지 고민한다. 어떤 일이 올바른 인간의 길인가? 공부의 법칙은 이렇게 하나하나 두루 섭렵하기를 게을리하지 않는 것이다.

관자의 명언

勞敎定(노교정) 國富(국부)
死敎定(사교정) 威行(위행)

노력하는 자세를 가르쳐 바르게 되면 나라가 잘살게 되고
죽을 각오로 사는 정신을 가르쳐 바르게 되면 위엄이 행해진다.

41. 일상의 지혜

국민을 다스리는 사람은
반드시 그들의 고충을 잘 알아야 한다.
너그럽게 헤아려 덕으로 대해주어야 한다.
형벌로 두려워하는 마음을 갖게 해서는 안 된다.
힘으로 자유를 저지시켜도 안 된다.

목 민 자
牧民者
필 지 기 병
必知其病
이 우 지 이 덕
而憂之以德
물 구 이 죄
勿懼以罪
물 지 이 력
勿止以力
소 문
_「小問」

중국 고대의 초楚나라가 거莒나라를 정벌하려고 하자, 거나라에서 사신을 보내 제나라 환공에게 구원을 청했다. 환공이 거나라를 도와주려고 하자 관중은 "구원해 주지 마십시오"라고 자문했다. 그러자 환공이 그 까닭을 물었다.

관중의 대답은 다음과 같았다. "저는 일찍이 거나라 사신과 담화를 나눈 적이 있습니다. 세 번이나 자기가 모시고 있는 군주를 모욕했는데도 얼굴색 하나 변하지 않았습니다. 제가 관리를 보내어 그쪽의 예절에 대해 불만을 표시했습니다. 사신은 세 차례나 무례함을 알아채지 못하고, 죽을 각오로 싸우려고 덤벼들었습니다. 이렇게 볼 때, 거나라 군주는 소인배가 분명합니다. 그러니 구원해 주지 마십시오."

이에 환공이 구원해 주지 않자 거나라는 망하였다. 이처럼 관중은 결정적인 순간에 환공의 자문에 지혜롭게 응답했다. 『관자』 제51편 「소문小問」 편에는 이처럼 주옥같은 환중과 관중의 다양한 문답과 지혜가 담겨 있다.

관자의 기록

환공: 조직이 안정되어 기강이 문란하지 않고, 옳고 그름이 분명하여 잘못된 것이 덮이지 않으려면 어찌해야겠소?"

관자: 명분과 직분을 분명히 하면 안정되어 문란하지 않습니

다. 또한 제도가 투명하면 잘못된 것이 덮여지지 않습니다.

환공: 조직을 부강하게 하려면 어찌해야겠소?

관자: 조직의 핵심 사업에 힘쓰되, 시대 흐름과 상황 파악을 제대로 하여 때를 잘 맞추면 조직은 반드시 부강해집니다.

환공: 나는 사랑을 베풀고 옳은 일을 시행하여 세상을 이롭게 하고 싶습니다. 어찌하면 되겠소?

관자: 포악한 지도자는 징계하여 이치에 어긋나는 일을 하지 못하게 하고, 무고한 사람이 죄를 뒤집어썼을 때 이를 면해 주면, 반드시 사랑이 널리 베풀어지고 옳은 일을 크게 시행할 수 있을 것입니다.

환공: 그렇게 하려면 구체적 계획이나 방도가 있어야 할 것 같은데, 어떻게 해야 하겠소?

관자: 세상에 훌륭한 인재들을 잘 살펴서 등용하십시오. 그러면 조직을 부강하게 하고 세상을 아름답게 할 수 있습니다.

환공: 우수한 인재를 끌어 들일 수 있는 방법이 무엇이오?

관자: 먼저 사람을 존중하고 속이지 마십시오. 그리고 다른 사람이 다섯을 준다면 나는 여섯으로 계산하여 주고, 다른 사람이 아홉을 준다고 하면 나는 열을 주어 능력에 맞게 베푸십시오. 특히 전문 기술자에게는 다른 조직에 비해 높은 봉급을 주면 어려움을 무릅쓰고 달려 올 것입니다.

환공: 공동체 조직을 지속적으로 유지하는 일, 다른 조직과의

경쟁에서 생존하는 일, 다른 업체의 정보를 얻는 일 등, 고민할 부분이 많소. 조직구성원들이 조직 유지를 위해 노력하지 않고 경쟁에서 이기려고 적극적으로 나서지 않으며 바깥의 정보를 수집하려고도 하지 않소. 어떻게 하면 구성원들을 설득하여 조직 발전을 꾀할 수 있겠소?

관자: 핵심적인 세 가지 근본 사안을 밝히십시오.

환공: 세 가지 근본 사안이 무엇이오?

관자: 첫째는 결코 변하지 않는 것이고, 둘째는 존중되어야 할 것이며, 셋째는 끊을 수 없는 바탕입니다.

환공: 무슨 말이오? 예를 들어 설명해 주시오?

관자: 결코 변하지 않는 것은, 자기가 어디로부터 왔는지 그 생명의 근원을 찾게 하는 일입니다. 존중되어야 할 것은, 사람은 먹고사는 문제가 중요하기 때문에 능력에 맞는 봉급을 유지해 주는 일입니다. 끊을 수 없는 바탕은, 사람은 현실적 삶을 영위하기 때문에 가족이나 친구 등 가장 기본적인 삶의 환경을 이해해 주는 일입니다. 이 세 가지가 갖추어지면, 조직의 위엄도 커지고 굳세어질 것입니다. 이때 구성원들은 조직 발전을 위해 발벗고 나설 것입니다.

환공: 조직의 구성원들을 어떤 방식으로 관리하고 운영하면 좋겠소?

관자: 조직을 운영하고 구성원을 다스리려면 그들의 고충을

이해할 때 가능합니다. 고충을 헤아려 덕으로 감싸주어야 합니다. 징계를 하면서 두려워하는 마음을 갖게 해서는 안 됩니다. 힘으로 억압해서도 안 됩니다. 이 네 가지를 조심하는 지도자는 충분히 조직을 경영할 수 있습니다. 그리고 구성원들을 신뢰하고 따스하게 품어 주며, 때로는 긴장감을 느끼게 하고 아름답게 생각해 주어야 합니다. 생명을 내던진다고 해도 믿음을 바꾸지 않고, 자기가 원하지 않는데 남에게 베풀지 않으며, 마음에 정한 것은 밖으로 바르게 나타내며, 마음을 미덥게 지켜가면서 겸양해야 합니다. 그러면 원활하게 움직일 것입니다.

환공: 좋습니다! 조직구성원을 다스리는 데, 무엇을 먼저 해야 하오?

관자: 조직 관리 운영 방침을 먼저 제시할 때도 있고, 구성원들에게 복지 혜택을 먼저 베풀 때도 있습니다. 조직의 사업이 잘 될 때, 구성원들의 생활은 여유롭고 활력이 있습니다. 이때는 교만한 마음을 갖지 말고 다시 조직을 점검하면서 조직 운영의 새로운 전망을 모색해야 합니다. 반면 조직의 사업이 불황에 허덕일 때, 구성원들도 어려움을 느낍니다. 이때는 구성원들의 생활부터 안정시켜야 합니다. 사업 확장은 나중에 하고, 복지 혜택을 베풀어 구성원들을 어려움에서 구해야 합니다.

환공: 좋은 생각이오. 그리고 나의 부하들과 구성원들을 좀 더 승복시키고 싶은데 어찌하면 좋겠소?

관자: 이는 지도자로서 할 말씀이 아닙니다. 구성원들을 승복시키기는 쉽습니다. 그러나 그들을 승복시키는 일은 지도자의 바람직한 길이 아닙니다. 구성원들을 승복시키려고 하신다면, 참모들에게 명령하여, 내부 고발자에게 상을 주고, 계속해서 부정을 저지른 자들을 찾아내어 엄벌에 처하십시오. 그러면 구성원들은 승복하는 듯 보일 것입니다. 그렇다고 하더라도 그것이 능사는 아닙니다. 구성원들이 지도자를 두려워하여 진정으로 친근하게 보려고 하지 않을 것이 뻔하고, 오래지 않아 그들은 복지부동하여 조직의 일에 힘쓰지도 않을 것입니다. 이렇게 되면 위험합니다.

관자의 명언

목 민 자
牧民者
필 지 기 병
必知其病
우 지 이 덕
憂之以德
물 구 이 죄
勿懼以罪
물 지 이 력
勿止以力

국민을 다스리는 사람은
반드시 그들의 고충을 잘 알아야 한다.
너그럽게 헤아려 덕을 베풀어야 한다.
형벌로 두려워하는 마음을 갖게 해서는 안 된다.
힘으로 자유를 제한해서도 안 된다.

42. 관중과 환공의 최후

관중의 최후는 성실했다. 환공이 병상을 찾아왔을 때 관중은 의관을 차리고 마지막 자문을 했고, 환공도 잘 들었다. 그러나 환공은 관중의 당부를 실천하지 못했다.

오랜 경험이 있는 참모의 지혜로운 자문이 『관자』 제32편 「소칭小稱」에 자세하게 기록되어 있다.

관중이 몸이 아파 병상에 누워 있었다. 이때 환공이 문안을 갔다.

환공: 그대의 병세가 깊어졌구료! 혹 병세가 호전되지 못하여 죽음을 피할 수 없게 된다면, 국가부강을 위해 마지막으로 나를 깨우쳐 줄 말씀이 있는지요?

관중: 그동안 여러 번 말씀드렸습니다. 그러나 실행하지 않으신 것들이 있습니다.

환공: 그대가 동쪽으로 가라고 하면 나는 동쪽으로 갔고, 서쪽으로 가라고 하면 나는 서쪽으로 갔습니다. 그대가 나에게 자문해 준 내용 중에 내가 따르지 않은 것이 있습니까?

관중이 의관을 바르게 고치고 일어나 앉아서 말하였다.

관중: 마지막으로 간곡히 말씀드립니다. 역아易牙와 수조豎刁와 위衛나라 공자 개방開方을 멀리 하십시오.

역아는 공의 요리사였습니다. 공이 "아직까지 아기 삶은 것은 먹어보지 못했다"라고 하자, 그는 자식을 죽여 삶아서 공에게 바쳤습니다. 사람은 누구나 자기 자식을 사랑합니다. 그런데 자식도 사랑하지 않는 자가 어떻게 진정으로 공을 아낄 수 있겠습니까?

공은 여색을 좋아하고 다른 남자를 꺼리는 성격이 있습니다. 수조는 그런 상황을 파악하고 스스로 내시가 되어 공을 위해 궁녀를 다스렸습니다. 사람은 누구나 자기 몸을 아낍니다. 그런데 자기 몸도 아끼지 않고 내시가 된 자가 어떻게 공을 진정으로 아낄 수 있겠습니까?

위나라 공자 개방은 15년이나 공을 섬겼습니다. 그러느라고 자기 부모를 떠나 있게 되었고 제대로 모시지도 못했습니다. 제齊나라와 위衛나라는 불과 며칠밖에 안 걸리는 거리입니다. 조금만 신경을 썼다면 충분히 부모를 만나볼 수 있었을 것입니다.

자기 부모도 제대로 모시지 않고 사랑하지 않는데, 어찌 공을 섬길 수 있겠습니까?

꾸민 행동은 오래가지 못합니다. 덮여진 거짓은 길지 못합니다. 그들은 평생토록 착한 일은 해보지 못했기 때문에, 그 죽음 또한 좋지 못할 것으로 생각됩니다.

환공: 잘 알겠소.

관중이 죽고 장례를 마쳤다.

환공은 관중의 자문에 따라, 이들을 미워하게 되었고, 그들의 관직을 폐지시켰다. 그런데 역아를 내쫓고는 입맛을 잃게 되었고, 수조를 내쫓고는 궁중이 어지러워졌으며, 공자 개방을 내쫓고는 조정이 다스려지지 않았다.

환공: 아! 나같이 훌륭한 지도자가 다스려도 나라가 이처럼 어지러움을 당할 수 있는가?

환공은 생각 끝에 이들을 복직시켰다. 1년이 지났을 때, 이들은 반란을 일으켰다. 환공을 한 방에 가두고 외출도 못하게 하였다. 이때 한 부인이 담 구멍을 통하여 환공이 있는 곳까지 들어갔다.

환공: 나는 굶어서 밥을 먹고 싶고, 목이 말라 마시고 싶다. 그러나 아무것도 없다. 어떻게 하면 되겠느냐?

부인: 역아를 비롯하여 반란을 일으킨 자들이 제나라를 나누어 가졌습니다. 이에 교통이 두절되어 열흘이 걸려도 왕래가 안 됩니다. 공자 개방은 엄청난 토지와 인력 등 호적대장을 정리하여 위나라로 내보냈습니다. 때문에 음식을 얻을 수가 없습니다.

환공: 아! 슬프도다. 관중의 당부가 옳았다! 이미 죽은 사람이기에 이 사실을 알지 못해 그만이지만, 만약 이런 상황을 알고 있다면, 내 무슨 면목으로 저 세상에서 관중을 만난단 말인가?

그리고는 흰 두건에 머리를 파묻고 절명했다.

죽은 지 11일째, 시체에서 구더기가 나왔다. 이 때문에 환공의 사망이 세상에 알려지게 되었다. 버드나무로 된 문짝을 뜯어내어 관을 만들고 환공을 장사 지냈다. 환공은 죽은 지 11일이나 지났기에 시신에서는 구더기가 나왔다. 그러나 시신을 수습할 사람도 없었다. 관중과 같은 지혜로운 참모의 당부를 제대로 듣고 실천하지 않은 결과였다. 아! 지혜로운 참모의 자문이여!

43. 공자의 관중에 대한 평가

유학의 1인자이자 동양 문화의 상징으로 인식되는 공자孔子는 『논어』에서 관중에 대해 두어 군데에 걸쳐 간략하게 언급했다. 그 중 한 대목은 매우 긍정적으로 보이며, 어떤 차원에서는 칭송과 존숭의 메시지로도 들릴 수 있다. 바로 『논어』「헌문」에 나타나는 두 대화가 그것이다.

대화 1.

자로: 환공이 공자 규를 죽이자 소홀은 죽었고 관중은 죽지 않았습니다. 이런 사건으로 볼 때, 관중은 어진 사람이 아니었던 것 같습니다.

공자: 환공이 제후들을 규합하되 무력을 쓰지 않은 것은 관중의 힘이었다. 그렇다면 누가 관중보다 어질었겠는가? 당시 관중보다 어진 사람이 있었겠느냐?

이에 대한 주자의 해석도 재미있다. 나중에 다시 자세하게 제시하겠지만, 주자는 『춘추전春秋傳』을 근거로 역사적 사실을 약술하면서 자로와 공자의 대화에 개입한다.

제나라의 양공이 정치적 도의를 저버리고 무도하게 행동하자, 나라를 걱정하던 지도자들은 근심 걱정이 많았다. 관중의 친구였던 포숙아는 공자 소백을 받들고 거나라로 망명하였고, 무지가 양공을 시해하자 관중과 소홀은 공자 규를 받들고 노나라로 망명하였다. 노나라 사람들이 공자 규를 제나라로 들여보내 지도자로 삼으려 했으나 정치적 투쟁에서 이기지 못하였고, 거나라로 망명했던 공자 소백이 제나라로 들어가 지도자가 되었는데, 이가 바로 제나라의 환공이다. 환공이 노나라에게 공자 규를 죽이게 하고 관중과 소홀을 보내줄 것을 요청하자 소홀은 죽고 관중은 감옥에 갇히기를 자청했다. 이때 관중의 오랜 친구였던 포숙아는 환공에게 간청하여 관중을 정승으로 등용토록 했다.

주자는 자로의 말도 일리가 있다고 본다. 자로가 볼 때 관중은 자신이 섬겼던 군주, 즉 공자 규를 잊고 원수와도 같은 공자 소백(환공)을 섬겼으므로 그 마음가짐이 옳지 않고 천리를 어긴 것이나 마찬가지이다. 그러므로 어진 사람이 될 수 없다고 판단했다.

그러나 공자의 대답은 자로가 질문한 사건 이후에 실천된 관중의 정치적 역량을 포괄적으로 평가하고 있다. 즉 관중 자체가 어진 사람이 될 수는 없다고 하더라도, 위엄과 힘을 쓰지 않고도 많은 백성들을 먹여 살리고 정치적 안정을 도모하여 은택을 베풀었다. 그의 이러한 공적은 어진 사람에 버금간다.

이어지는 자공과 공자의 대화는 한층 수위 높게 관중을 옹호하는 쪽으로 흘러간다.

대화 2

자공: 관중은 어진 사람이 아닐 것입니다. 환공이 관중 자신이 받들었던 공자 규를 죽였는데 죽지 못하고, 오히려 환공을 도와주었지 않습니까?

공자: 관중은 환공을 도와 제후들의 패자가 되어 세상을 바로잡았다. 지금까지도 백성들이 그 혜택을 받고 있지 않느냐. 관중이 없었다면 우리는 머리를 풀어헤치고 옷깃을 왼편으로 하는 오랑캐가 되었을 것이다. 어찌 일반 사람들이 사소한 신의에 매달려 스스로 목매어 죽어서 아무도 알아주는 이가 없는 것과 동일하게 볼 수 있겠는가.

주자의 해석은 다음과 같다. 자공은 자신이 받들었던 공자 규가 죽을 때 함께 죽지 않은 관중의 심경은 이해한다. 그러나 정적政敵 관계에 있던 환공의 참모가 도움을 준 것은 도리상 너무 심한 것 아닌가! 그리고 공자의 대답에 정자와 주자는 이렇게 변호한다.

정자: 환공(공자 소백)은 형이고 공자 규는 아우였다. 자신이 개인적으로 섬기던 공자 규를 도와 나라를 만들려고 한 것은 올바른 태도가 아니다. 환공이 아우인 공자 규를 죽인 것은 지나치긴 했지만 공자 규의 죽음은 의리상 마땅한 일이었다. 관중은 처음부터 공자 규와 더불어 모의하였으니 그와 함께 죽는 것도 괜찮았고, 아우를 도와 나라를 다툰 것이 올바른 태도가 아님을 알고 스스로 죽음을 면하여 후일의 공을 도모함도 괜찮은 일이다. 그러므로 공자께서 그가 죽지 않음을 나무라지 않고 그의 공을 칭찬하신 것이다.

만일 환공이 아우이고 공자 규가 형이어서 관중이 도운 것이 정당하였는데 환공이 그 나라를 빼앗고 죽였다면 관중과 환공은 한 세상을 살 수 없는 원수가 된다. 만일 공자께서 그 후일의 공을 계산하여 관중이 환공을 섬긴 일을 인정하였다면, 성인의 이 말씀은 의리를 저버리고 끊임없이 불충을 반복하는 난리를 공식적으로 열어 놓은 것이 아니겠는가? 결코 그렇지 않다!

예컨대 당나라 초기, 당나라 고조의 맏아들이자 태종 이세민의 형이었던 건성建成은 세자로 책봉된 후 아우 이세민의 세력이 강력한 것을 염려하여 아우를 살해할 계획을 세웠다가 오히려 죽임을 당하였다. 이때 건성을 모시고 있던 왕규王珪와 위징魏徵은 건성의 난리에 죽지 않고 뒤에 태종을 따랐다. 이는 의리를 저버린 행위이다. 뒤에 비록 공이 있었으나 어찌 속죄할 수 있겠는가?

주자: 관중은 공이 있고 죄가 없으므로 성인이 그 공만을 칭찬한 것이며, 왕규와 위징은 먼저 죄가 있고 뒤에 공이 있었으니 공을 가지고 죄를 덮어주지 않는 것이 옳다.

관중의 인물됨을 볼 수 있는 주요한 대목이 또 있다. 위의 대화 1, 2 이전에는 공자는 다음과 같은 인물평을 한다. 관중은 제나라의 대부 백씨가 지니고 있던 300호나 되는 병騈 땅을 빼앗았다. 이후 백씨는 거친 밥을 먹으며 평생을 마치면서도 관중을 원망하지 않았다. 왜 그랬을까?

주자는 이 부분에서 관중의 공로를 적극적으로 인정한다. 환공이 백씨의 병읍을 빼앗아 관중에게 주었는데, 백씨는 자신의 죄를 깨닫고 관중의 공로를 인정하고 심복하였다. 때문에 곤궁하게 일생을 보내면서도 원망하는 말을 하지 않았다. 그리고 관중의 이런 공로는 덕이 뛰어났다기보다는 정치적 능력, 즉 재주가 뛰어났기 때문이라고 평하였다.

이런 긍정적인 평가에도 불구하고, 공자는 『논어』「팔일八佾」에서 관중에 대해 한마디로 논평한다.

"그릇이 작다!"

그것은 주자의 해석처럼, 유학자의 눈으로 볼 때 당연한 인식이다. 그릇이 작다는 것은 관중이 성현이 추구하는 큰 배움의 도를 알지 못했기 때문에, 국량이 좁고 얕으며 규모가 낮고 협소하여 몸을 바르게 하고 덕을 닦아 최고지도자로서 왕도에 이르지 못했다는 의미이다.

춘추시대에 부국강병의 패도覇道를 이루기는 했으나, 유가가 추구하는 왕도王道를 실현하지는 못했다. 이런 연유로 후대 유학에서 관중을 거론하지 않았던 것은 아닐까? 그리고 "그릇이 작다"는 평가와 연계하여 '검소함'과 '예의'에 대해 연속적으로 묻자 공자의 대답은 대체로 부정적이다. 관중은 엄청난 부를 소유하고 사치스러웠다. 뿐만 아니라 최고지도자인 군주와 맞먹을 정도의 생활을 누렸다. 이런 삶의 태도는 검소함과 자기 신분에 맞는 예와 거리가 멀었다고 판단된다.

유학은 최고지도자를 '큰 그릇'에 비유하곤 한다. 그리고 그들의 생활 태도로 검소함과 예의의 실천을 요청한다. 공자를 비롯한 유학자들에게 관중은 그렇지 못한 듯하다. 주자의 주석에는 그런 해석의 사례를 몇 가지 들고 있다.

정자: 사치스럽고 예를 범한 것으로 볼 때, 그 그릇이 작음을

알 만하다.

소씨: 자기 몸을 닦고 집안을 바르게 하여 나라에까지 미치면 그 근본이 깊고 그 미침이 원대하니, 이를 큰 그릇이라고 한다. 양웅揚雄이 말한 것처럼 컴퍼스나 자, 수준기나 먹줄과 같아 먼저 자신을 다스린 뒤에 남을 다스려야 한다. 관중은 엄청난 부를 소유하고 사치스러웠으며, 환공은 여섯 명의 여인을 사랑하면서 천하에 패자가 되었으나, 그 근본이 진실로 얕았다. 그리하여 관중이 죽고 환공이 죽자 천하는 다시 제나라를 종주국으로 받들지 않았다.

양씨: 공자께서 관중의 공로를 크게 인정하면서도 그 그릇을 작게 여기셨다. 이유는 군주를 보좌할 참모의 경우, 그 자질이 충분하지 않으면 제후들을 규합하여 천하를 바로잡았다하더라도 그 그릇을 칭송할 만한 것이 못되기 때문이다. 관중은 학문이 밝지 못하여 왕도와 패도의 개념을 뒤섞어 한 길로 생각하고 실천했다.

여기서 우리는 공자의 평가를 주의 깊게 살펴야 한다. 그것은 21세기 현대의 안목으로 고민해야 한다. 공자의 평가에는 분명한 기준이 있다. 그것은 한마디로 말하면, '덕德'과 '재주才'의 문제이다. 유학은 재주보다는 덕을 소중하게 여긴다. 물론 재주를 소홀히 하는 것은 결코 아니다. 둘 다 중요하다. 그러나 선후

先後나 경중輕重의 문제, 근본과 말단을 따질 경우, 덕에 무게 중심이 쏠린다. 즉 인간의 모든 행위에서 설득력을 지니는 강력한 무기가 덕이라는 말이다.

관중은 덕보다는 재주에 후한 점수를 받았다. 의리 자체보다는 정치 질서와 백성의 생존 문제를 해결하는 데 공로를 세웠다. 이것은 그의 탁월한 재주 덕분이었다. 그렇다고 그에게 덕이 없었던 것일까? 그것은 아니다. 덕이 없었다면 어떻게 백성을 먹여 살리려는 정치적 역량을 발휘할 수 있을 것인가? 유학자들이 요구하는 덕이 아닐 뿐, 그에게는 정치적 안정과 질서의 구축, 민생고 해결이라는 나름대로의 시대적 사명감이 있었다. 그것이 제나라 환공의 최고 참모로서 제나라를 최고의 부국강병으로 만들 수 있었던 또 하나의 덕이었으리라.

44. 맹자의 관중에 대한 평가

『맹자』에서도 관중은 결코 소홀하게 평가되지만은 않는다. 『맹자』「공손추公孫丑」에 기록된 다음의 대화를 보자

공손추: 선생께서 만일 제나라에서 요직을 맡는다면 관중과 안자의 공적을 다시 기대할 수 있겠습니까?

맹 자: 그대는 참으로 제나라 사람입니다. 대표적으로 관중과 안자를 알고 계시는군요. 어떤 사람이 증자의 아들인 증서에게 묻기를 '그대와 자로는 누가 더 어진가요?' 하니 증서가 불안해하면서 말하기를 '자로는 우리 아버님도 두려워하신 사람입니다' 하였다. 다시 '그렇다면 그대와 관중은 누가 더 어진가요?' 하고 물으니, 증서가 내키지 않는 듯 말하기를 '그대는 어찌 나를 관중과 비교합니까? 관중은 군주의 신임을 독차지 하였고 국정을 오래도록 독점하였는데도 왕도를 시행하지 못하고 패도를 행하여 공로가 저렇게 낮습니다. 어찌 나를 이런 사람에

게 비교합니까?' 이처럼 관중은 증서와 같은 사람도 하지 않으려는 것인데, 그대는 그 일을 나에게서 원한단 말이오? 관중은 자신의 군주를 천하의 패자霸者로 만들었고, 안자는 자신의 군주 이름을 드러나게 했습니다. 이런 일이 썩 내키는 것은 아니지만, 지금처럼 세상이 어지러울 바에야 오히려 한번 해볼 만한 일이기도 합니다.

또한 맹자는 관중을 훌륭한 신하의 반열에 자리매김하기도 한다.

장차 크게 훌륭한 일을 할 수 있는 군주는 반드시 함부로 부르지 못하는 신하가 있었다. 그리하여 상의하고 논의하려는 일이 있으면 찾아갔으니, 덕을 높이고 도를 즐거워함이 이와 같지 않으면 더불어 훌륭한 일을 할 수 없는 것이다. 그러므로 탕왕은 이윤에게 배운 뒤에 그를 신하로 삼았기 때문에 수고롭지 않고 왕 노릇을 하였고, 환공은 관중에게 배운 뒤로 그를 신하로 삼았기 때문에 수고롭지 않게 패자가 되었다. 지금 세상에 여러 나라가 있는데 그 크기나 규모, 정치 상황 측면에서 서로 비슷하여 특별히 뛰어나지 못함은 다른 이유가 있는 것이 아니다. 자기가 가르칠 수 있는 사람을 신하로 만들기 좋아하고 자기가 가르침 받을 수 있는 사람을 신하로 삼기를 좋아하지 않기 때문이다. 탕왕이 이윤에 대해서 환공이 관중에 대해 감히 부르지 못하였다.

이런 점으로 볼 때, 관중은 맹자에 의해 군주가 스승으로 삼을 만한 나름대로의 인품을 지닌 정치 참모로서 평가받았다. 어쩌면 유가에서 왕도王道 정치의 표본으로 자리하고 있는 맹자조차도, 왕도적 이상 정치를 고민하며 현실 정치를 잘 소화해낸 관중을 통해 자신의 속내를 드러낸 것은 아닐까?

45. 사마천의 관중 인식

사마천은 그 유명한 『사기』「열전」의 두 번째 자리(『사기』 권 62「관안열전」)에 관중을 올려놓았다. 이는 그 순서만큼이나 관중이 중요한 인물임을 보여주는 것이다. 그의 기록을 읽어보자. 그러면 공자나 맹자가 평한 것과는 또 다른 관중의 모습이 선명하게 그려질 수 있다.

관중은 영수 유역 출신이다. 그는 젊은 시절에 항상 포숙아와 어울려 지냈는데, 포숙은 그의 재덕을 알아주었다. 가난한 관중은 수시로 포숙을 속였다. 그러나 포숙은 늘 그를 잘 대해주었으며, 그런 일로 이러니저러니 따지지 않았다. 얼마 후에 포숙은 제나라 공자 소백을 섬기게 되었고, 관중은 공자 규를 섬기게 되었다. 소백이 즉위하여 제나라의 환공이 되고 규가 죽자 관중은 잡혀 옥에 갇히게 되었다. 그러자 포숙이 관중을 조정에

천거하였고, 포숙의 간청으로 관중은 등용되어 제나라의 국정을 맡게 되었다. 이로 인해 제나라 환공은 천하의 패자가 되어 제후들과 여러 차례 회맹하고 천하를 바로잡았다. 이는 모두 관중의 정치적 지혜와 역량에 의한 것이었다.

관중은 이렇게 말하였다.

내가 예전에 곤궁할 때 포숙과 함께 장사를 한 적이 있었는데, 이익을 나눌 때 내가 더 많이 차지하기가 일쑤였다. 그럼에도 포숙은 나를 탐욕스럽다고 여기지 않았다. 왜냐하면 내가 가난한 것을 알고 있었기 때문이다.

내가 예전에 포숙을 대신해서 어떤 일을 벌이다가 실패하여 그를 곤경에 빠트린 적이 있었다. 그러나 포숙은 나를 어리석다고 여기지 않았다. 왜냐하면 그는 시운이 좋을 때와 나쁠 때가 있음을 알았기 때문이다.

또 내가 일찍이 세 번이나 벼슬길에 나섰다가 세 번 모두 군주에게 내쫓기고 말았으나 포숙은 나를 못났다고 여기지 않았다. 그것은 내가 아직 때를 만나지 못했다고 생각해 주었기 때문이다.

그리고 내가 세 번 싸움에 나가 세 번 모두 도망쳤을 때에도 포숙은 나를 겁쟁이라고 여기지 않았다. 왜냐하면 포숙은 나에게 늙은 어머니가 있음을 알았기 때문이다.

공자 규가 왕위를 놓고 다투다가 패하자, 소홀은 죽고 나는 붙잡혀 굴욕을 당했다. 이때도 포숙은 나를 수치도 모르는 자라고 여기지 않았다. 왜냐하면 내가 사소한 일에는 수치를 느끼지 않으나 천하에 공명을 날리지 못하는 것을 부끄럽게 여기고 있음을 알았기 때문이다.

나를 낳아 준 것은 부모이지만 나를 알아주는 것은 포숙이다.

포숙은 관중을 천거한 후에, 자신은 아랫자리에 있으면서 관중을 받들었다. 포숙의 자손들은 대대로 제나라의 봉록을 받으며 봉읍지를 10여대 동안 소유하면서, 항상 명문 집안으로 세상에 알려졌다. 그래서 세상 사람들은 관중의 재덕을 칭찬하기보다는 사람을 잘 알아보는 포숙을 더욱 칭찬하였다.

관중이 제나라의 재상이 되어 국정을 맡게 되자, 작기는 하지만 해안을 끼고 있는 제나라는 산물을 교역하고, 재물을 축적하여 부국강병에 힘쓰게 되었으며, 정치지도자들은 백성들과 고락을 함께하였다. 그러므로 관중은 이렇게 말하였다.

백성들은 곡식창고가 가득 차야만 예절을 알며, 의식이 풍족해야만 영욕을 알게 된다. 최고지도자가 법도를 준수하면 육친이 굳게 단결하게 되고, 예의염치禮義廉恥가 해이해지면 나라는 멸망하게 된다. 위에서 내린 명령은 물이 낮은 곳으로 흐르듯이

민심에 순응하게 된다.

그러므로 나라에서 논의된 정책은 평이하여 백성들이 실행하기 쉬웠으며, 백성들이 원하는 것은 원하는 대로 베풀어주고 백성들이 반대하는 것은 그들의 뜻대로 없애 주었다.

관중이 정사를 시행할 때는 화가 될 일도 잘 이용하여 복이 되게 하고, 실패하게 될 일도 잘 처리하여 성공하게 하였으며, 일의 경중을 잘 헤아리고 그 득실을 저울질 하는 데 신중하였다. 예를 들면 환공이 실제로는 부인이었던 소희의 일로 화가 나서 남쪽으로 채나라를 공격한 것인데, 그때 관중이 채나라와 근접한 초나라를 함께 공격하여 초나라가 주 왕실에 포모를 바치지 않은 것을 꾸짖었던 것이다. 또 다른 사실은 환공이 북쪽으로 산융을 정벌한 것인데, 관중은 그 기회에 연나라에게 소공의 선정을 실행하도록 한 것이다. 또한 가에서 회맹할 때 환공이 조말과 약조한 것을 어기려고 하자, 관중이 그 약조를 지키도록 하니, 이 일을 보고 여러 제후들이 제나라에 순복하였던 것이다. 그러므로 "주는 것이 바로 얻는 수단이라는 것을 아는 것이 정치의 비결" 이라는 말이 있는 것이다.

관중의 재산은 제나라 왕실의 재산만큼이나 많아 일반인으로서는 상상할 수 없을 정도로 갖추고 있었으나, 제나라 사람들은 이를 사치스럽다고 여기지 않았다. 관중이 죽은 후에도 제나라에서는 그의 정책을 받들어 언제나 다른 제후국보다 강성하였다.

사마천은 말한다.

"내가 관중의 「목민」「산고」「승마」「경중」「구부」를 읽어보니 그 내용이 매우 상세하였다. 그들의 저서를 읽고 나니 그들의 행적을 알고 싶어 전기를 쓰기로 하였다. 그들의 저서는 세상에 많이 나와 있으므로 여기서는 논하지 않고 세상에 알려지지 않은 일화만을 기록하였다.

관중은 세상 사람들이 흔히 말하는 어진 신하였으나 공자는 그를 소인이라고 하였다. 이것은 주왕조가 쇠락한 상황에서 제환공이 현인이었음에도 불구하고 그를 도와 왕도를 실행하지 않고 다만 제후 중에서 패자로서의 이름만을 떨치게 하였기 때문인가? 옛말에 "임금의 장점을 길러주고 결점을 바로잡아주어야만 상하가 서로 친목하게 되는 것이다"고 하였는데, 이것이 어찌 관중을 두고 하는 말이겠는가?

46. 리더십의 핵심, 우정과 신뢰

우리는 관중에 관한 사마천의 기록을 다시 고민할 필요가 있다. 그곳에는 매우 은미隱微한 인간의 길이 숨어 있다. 한마디로 표현하기 힘든 사람의 정감이 배어 있다. 특히 관중과 포숙아의 이해와 배려, 그 사이 세계, 행간을 제대로 읽을 수 있다면, 삶의 절반은 성공한 것이리라.

우리에게 너무나 익숙한 관포지교管鮑之交 고사! 이는 관중管仲과 포숙鮑叔의 사귐에 얽힌 이야기로, 우정의 상징으로 우리에게 다가온다. 왜 그들의 관계를 친구 사이에 형성될 수 있는 최고의 경지로 묘사하는 것일까? 고사를 잘 살펴보면, 그들 사이가 단순히 평소에 신의가 있고, 일상생활에서 재미있게 잘 지냈기 때문이 아님을 알 수 있다. 사실 우정의 요건, 그 핵심은 다른 데 있었다.

앞에서 본 것처럼, 사마천은 『사기』「관안열전管晏列傳」에서 그들의 얘기를 구체적으로 적고 있다. 다시 강조하지만, 사마천이 그 많은 인물 중에서도 그의 「열전」 두 번째에 이들을 자리매김하는 것으로 그 위상을 짐작할 수 있다. 주요 내용을 간추려보면서 다시 읽어보자.

첫 번째 일화는 장사할 때의 사연이다. 관중과 포숙은 어렸을 때부터 사귄 죽마고우였고, 젊은 시절 둘은 함께 장사를 했다. 그런데 언제나 이익금을 관중이 많이 챙겨갔다. 주변 사람들은 관중을 의리 없는 녀석이라고 욕을 했다. 하지만 포숙은 관중에게 화내지 않았다. 오히려 관중을 변호했다.

"관중은 가난하다. 딸린 식구도 많다. 절대 욕심이 많아 그런 것이 아니다!"

두 번째 이야기는 전쟁에 나갔을 때의 일이다. 당시 중국은 힘으로 패권이 좌지우지되던 전쟁의 시기, 이른바 춘추시대였다. 관중과 포숙도 예외는 아니어서 함께 전쟁터에 불려나갔다. 전투는 한창 치열한데, 관중은 언제나 대열의 후미에서 자기 몸 가누기에 바빴다. 그러다 싸움이 끝나면 맨 앞에서 걸어오곤 했다. 얼마나 비열하게 보였을까. 전투에 참가했던 사람들이 관중을 겁쟁이 같은 녀석이라고 욕을 해댔다. 그때마다 포숙은 동료들을 향해 소리쳤다.

"관중은 절대 비겁하거나 용기가 없어서 그런 것이 아니다. 그는 늙은 어머니를 모시고 있다. 몸을 아껴 어머니에게 길이 효도하려는 갸륵한 마음이 그에게 있다. 당신들이 이런 상황이라면 어떻게 했을 것 같은가!"

세 번째 얘기는 관중과 포숙이 서로 다른 정파에 속해 있을 때 이야기이다. 당시 정쟁은 목숨이 왔다 갔다 하는 상황이었다. 관중과 포숙은 어른이 되어 둘 다 높은 관직에 올랐다. 말하자면, 정치가로 성공해서 요직에 있었던 것이다. 한치 앞을 예측하기 힘든 혼란한 시기인지라, 각자 삶의 기준에 따라 행동했다. 그런데 관중은 왕위 쟁탈 과정에서 반역의 무리가 되었다. 왕위를 차지하려는 인물에 대해, 원칙에 어긋난다는 이유로 그를 죽이려 했다. 그러나 그는 죽지 않고 왕(제 환공)이 되었고, 관중은 사로 잡혀 그 앞에 끌려 왔다. 곧 죽을 목숨이 되고 말았다. 이때 포숙은 그 왕의 측근이었다. 얼마나 난감했겠는가? 하지만 포숙은 왕에게 관중을 죽이라고 말하지 않는다. 오히려 재상에 앉히라고 권고한다. 왕이 죽이려 한 인물을 재상에 앉히라니? 목숨을 내놓은 행위나 다름없었다. 간곡한 권고 끝에 왕도 포숙을 믿는 터라 관중을 재상에 앉혔다.

이어서 더 위대한 일이 벌어진다. 포숙은 조용히 관중 밑에서 벼슬했던 것이다. 이유는 간단하다. 포숙이 그렇게 행위한 것은 흔히 생각하는 친구 사이의 사적인 감정 때문이 아니었다. 포숙은 오랜 사귐의 경험으로 현실적인 국정 수행 능력이 자기보다 뛰어나다는 관중의 재능을 인정했다. 타인에 대한 진실한 배려와 진정한 이해가 실천되는 순간이었다.

두 사람은 인생이 어떤가? 특히 포숙의 행동을 보면서 어떤 생각이 드는가? 포숙은 언제나 관중을 이해하고 변호했으며, 관중은 현실을 파악하고 그에 잘 적응했다. 그런 영향인지 중국 역사에서 관중은 현실 개혁적 인물로 존경받고 있다. 특히, 춘추시대 초기 제나라를 가장 힘 있는 나라로 만든 장본인이기 때문에 더욱 그러하다. 그러나 사마천은 "세상 사람들은 관중의 뛰어난 재능과 경륜보다도 포숙의 사람 알아보는 혜안을 더 높이 샀다"고 하며, 포숙을 높였다. 동시에 공자의 '소인, 혹은 작은 그릇' 이라는 논평을 보류하고, 관중을 어진 참모, 훌륭한 정치 역량을 지닌 인물로 평가했다.

관중과 포숙의 인간관계,
그 속에 무엇이 보이는가?

治國之道
必先富民

治國之道
必先富民

治國之道
必先富民

師隻卣

父癸爵

隻 从又持隹

보론: 『관자管子』의 현실주의 사상과 교육관

Ⅰ. 서언

관중은 관포지교管鮑之交라는 고사로 우리에게 널리 알려져 있다. 그러나 관중의 사상을 집대성한 『관자管子』를 전문적으로 연구한 학자는 상대적으로 적은 편이다.[1] 관중의 이름은 이오夷吾, 자는 중仲이며, 춘추시대 영상潁上 유역 출신이라고 한다. 그

1) 본 논문은 동양고전학회. 『동양고전연구』 32집(2008. 9)에 실린 것을 수정 · 보완하였다.

한국에서 『관자』에 대한 연구는 상대적으로 미진하다. 그 이유는 여러 가지가 있겠지만, 유학과 도가, 불교 등 정체성을 지닌 학문 계열에 비해, 『관자』는 문헌의 위작 논란이나 신빙성 문제, 사상적 혼합 등 텍스트 자체에 한계가 있고, 이로 인해 동양철학 연구자들이 깊이 파고들지 않은 것으로 판단된다. 그러나 『관자』는 유가, 도가, 법가 등 중국 고대 사상이 종합적으로 얽혀 있는 주요한 텍스트로서 동양의 사유를 밝히는 데 소중한 문헌임에는 분명하다. 현재 중국에서는 정치 경제적 측면에서 논저 및 주석서가 활발하게 출간되고 있고, 한국에서는 2006년 12월에 김필수 · 고대혁 · 장승구 · 신창호가 공역한 『관자』가 최초로 완역되었다. 이외에 논문으로는 김충렬, 「管仲의 政經思想과 철학사적 位相」(1990)을 비롯하여, 김지수, 「管子의 法思想 槪觀」(1990), 박봉주, 「齊國 經濟와 管子의 經濟政策論」(1995), 박석준 · 최승훈, 「管子 四篇 등에 나타난 精氣說 考察」(1993), 심우섭, 「管子 政治哲學思想의 現代的 照明」(1999), 김예호, 「稷下 黃老學派의 政治哲學 硏究—직하 황로도가와 황로법가의 도법론을 비교 분석하여—」(2005), 심경호, 「조선 후기 지성사와 제자 백가 – 특히 『관자』와 『노자』의 독법과 관련하여(2007), 남상호, 「중정화조(中正和調)를 기초로 한 관자의 목민철학의 방법」(2008) 등 철학, 정치, 경제, 의학과 관련된 10여편의 연구 성과가 있으나, 교육의 측면에서 조명한 연구는 없는 실정이다. 중국의 경우에도 공자나 묵가 등 선진사상을 교육학에서 비중 있게 다루고 있으나 『관자』는 교육사상사나 철학사에서 거의 다루어지지 않고 있다.

의 생존 연대는 정확하게 규명하기 어렵다. 기록에 의하면, 기원전 658년 주나라 장왕莊王 12년에 제나라 환공의 재상이 되어 40년 동안 활약하다, 기원전 645년 주나라 양공襄王 7년에 죽었다고 한다. 이런 사실로 미루어 볼 때, 기원전 725년에서 기원전 645년경에 생존했던 인물로 추측된다. 유학에서 최고 스승으로 상징되는 공자나 도가의 비조인 노자보다 100여년 정도 앞선 인물이다.[2)]

관중이 살았던 춘추시대는 주나라 초기 사회 체제 유지의 핵심인 봉건주의나 도덕주의가 무너지던 시기였다. 이른바 난세가 고조되어가던 시대로 일종의 변혁기였다. 따라서 당시 정치 지도자나 관료들은 대부분 '어떤 방법으로 이 난세를 다스릴 것인가? 그리고 새로운 질서를 재편할 수 있을까?' 에 골몰하였다. 관중은 이런 시기에 제나라를 최고의 국가로 끌어올린 당대 최고의 재상으로 손꼽힌다.

관중은 정사를 행할 때, 화禍가 될 일도 시대 상황을 잘 이용하여 복福으로 바꾸었고, 실패하게 될 일도 잘 처리하여 성공하게 만들었으며, 일의 경중輕重을 잘 헤아리고 득실得失을 저울질하는 데 신중하였다.[3)] 그것은 관념적인 것을 지양하고 보다 실제

---

2) 司馬遷, 『史記』 卷 62 「管晏列傳」 참고.

3) 위의 책, 같은 곳

적인 것으로 질서 유지의 방법을 모색한 것이다.[4] 때문에 관중은 정치, 경제, 법률, 군사 등 현실적이고 구체적인 방책을 통해 국가 질서의 회복을 꾀하였다. 그것은 『관자』에서 보이듯이, 다음과 같은 유명한 구절을 낳았다.

창고가 차 있어야 예절을 알고, 먹을 것과 입을 것이 풍족해야 영욕을 안다. 지도층이 먼저 법도를 지켜야 집안이 평안하고, 국가의 기강이 정돈되어야 나라가 멸망하지 않는다![5]

이런 인식은 예절을 중시하며 내면적 삶의 질서를 주요한 가치로 여기던 기존의 사고에 충격을 던져 주었다. 즉 인간 삶의 질서는 건전한 덕성德性의 확보 차원에서 그치는 것이 아니라, 정치적 · 경제적 측면에서의 현실 세계, 삶의 요구가 충족되어야 제대로 지켜진다는 새로운 사유이다. 그것은 관념적이고 내면적이며 주관적인 것보다 실제적이고 외면적이며 객관적인 것들이 충족되어야 삶의 도덕 질서와 세상의 규율이 확립된다는 생각과 통한다.[6] 여기에서 『관자』의 현실주의 사상이 돋보인다.

---

4) 김충렬, 『중국철학사』 I, 서울: 예문서원, 1994, 202쪽.

5) 『管子』 「牧民」: 倉廩實, 則知禮節; 衣食足, 則知榮辱; 上服度, 則六親固. 四維張, 則君令行. 이하 『管子』에서 인용한 부분은 『管子』의 편명만을 「 」로 표기함.

6) 김충렬, 「管仲의 政經思想과 철학사적 位相」, 성균관대학교 『대동문화연구』 제25집(1990), 265~268쪽 참고.

첫 머리에서 언급했듯이, 관중은 "관포지교" 고사로 우리에게 아주 익숙하게 다가와 있다. 그러나 우리는 『관자』의 사상 자체를 쉽게 인식하지 못하고 있었다. 『관자』가 현실주의적 사고를 발휘하는 데는 그가 출생한 지역인 영상의 상황과 연관된다. 당시 영상은 상업도시였다. 때문에 산술적 계산이나 수요공급의 문제, 재화의 운용 법칙과 같은 경제적 측면의 사유가 발달하였다. 그런 분위기는 관중이 뛰어난 경세經世사상가로 성장하는 데 일조하였다고 판단된다.[7] 관중은 상업도시의 유통 경제를 바탕으로 교역의 증대를 통해 부를 축적하고, 그것을 토대로 강력한 군대를 만들어 부강한 나라를 건설할 수 있다고 주장했다. 즉 정치, 군사, 경제, 법제, 과학기술, 교육 등 개혁을 주장하고 실천하면서 강력한 현실주의를 낳았다. 그것은 백성이 무엇을 좋아하고 싫어하는지 파악하고 그것을 거역하지 않는 슬기를 발휘하면서 진행되었다. 그러한 그의 지혜는 환공을 통해 천하를 통일할 수 있는 밑거름으로 작용하였다.[8]

공자의 지적처럼, 관중은 인의仁義와 같은 도덕적 측면은 상대적으로 부족하였다. 그러나 환공을 도와 제후를 지도하고 평화

---

7) 『史記』 『管晏列傳』에 관중과 포숙이 함께 장사를 했던 모습이 구체적으로 언급되어 있는 것으로 보아, 관중은 어릴 때부터 현실적 경제관념을 터득할 수 있는 삶의 상항에 처했던 것으로 보인다.

8) 高連欣, 『管子傳』, 河北: 花山文藝出版社, 1995, 참고.

를 유지하는 공을 세웠다. 그것은 백성들을 오랑캐로부터 보호하여 중국 문화를 보전할 수 있는 기틀을 마련하는 계기가 되었다.[9)]

후대 사람들은 관중이 현실과 실제를 중시하였기 때문에, 그를 법가法家나 도가道家 계열의 사상가로 분류하기도 한다. 앞에서 언급한 것처럼, 중국 문화의 양대 산맥을 이루는 유가나 도가의 시조인 공자나 노자는 모두 관중보다 100여년 뒤의 사람이다. 따라서 그를 도가, 혹은 법가로 이해하려는 후대 사람들의 분류는 오해의 소지가 있다. 관중을 어떤 사상가로 분류하기보다는, 오히려 제자백가諸子諸家의 사상을 『관자』에서 찾을 필요가 있다. 즉 관중의 사유를 근간으로 하는 『관자』는 유가나 도가, 법가와 같이 일정한 경향의 사유에 치우치기보다는, 중국 고대의 뛰어난 철학이자 정치, 법률, 군사, 경제, 교육 등 다양한 사상이 복합적으로 얽혀 있는 사유의 집결체 역할을 한다.[10)] 그만큼 그의 사고는 비옥하다.

본고에서는 이러한 특성을 지닌 『관자』의 현실주의를, 부국강

9) 『論語』「憲問」: 子路曰, 桓公殺公子糾, 召忽死之, 管仲不死, 曰未仁乎. 子曰, 桓公九合諸侯, 不以兵車, 管仲之力也, 如其仁, 如其仁. 子貢曰, 管仲 非仁者與, 桓公 殺公子糾, 不能死, 又相之. 子曰, 管仲相桓公覇諸侯, 一匡天下, 民到于今, 受其賜, 微管仲, 吾其被髮左衽矣.

10) 越宗正 · 王德敏 編, 『管子硏究』, 濟南: 山東人民出版社, 1987, 1쪽.

병富國强兵의 차원에서 정치 · 경제사상을 중심으로 살펴본다. 이어서 그것과 유기적으로 연결된 교육관을 개략적으로 검토한다. 특히 교육은 백성들의 삶의 양식, 즉 풍속風俗을 이루는 바탕으로 작용함을 성찰할 것이다. 그 교육의 핵심은 덕교德敎를 근본으로 하되, 사士 · 농農 · 공工 · 상商이라는 네 백성들의 사업과 관계된다. 즉 각 계급의 일들이 분업의 차원에서 직업교육과 연관되고, 일반 자제의 생활교육으로 이어진다. 그것은 궁극적으로 개인으로서 각 분야의 충실을 통해 공동체인 국가를 부강하게 만드는 경지에서 완성된다.

II. 『관자』라는 문헌과 특징

『관자』라는 책은 관중이 죽은 후, 전국戰國시대부터 널리 읽혔다고 한다. 전국시대에서 전한前漢에 이르기까지 한비자韓非子(기원전 280?~기원전 233)나 가의賈誼(기원전 200~기원전 168), 사마천司馬遷(기원전 145?~기원전 86?)[11]과 같은 걸출한 학자들도 이 책을 접하였다. 그것은 『관자』가 어떤 위상을 지니는지 추측할 수

11) 사마천의 경우, 『사기』「관안열전」에서 「牧民」, 「山高」, 「乘馬」, 「輕重」, 「九府」를 읽었다고 언급하고 있다.

있게 한다.

한漢나라 무제 때의 유향劉向(기원전 77~기원전 6)은 당시 유행하던 여러 종류의 판본을 모아 86편으로 편집하였다고 한다. 현재 전하는 『관자』도 모두 86편이다. 하지만 「왕언王言」, 「모실謀失」「정언正言」, 「언소言昭」, 「수신修身」, 「문패問覇」, 「목민해牧民解」, 「문승마問乘馬」, 「경중병輕重丙」, 「경중강輕重康」 등 10편은 제목만 있고 내용은 없다. 따라서 실제로는 76편만 전해지고 있다. 그러나 내용이 없어진 10편 중 어떤 것은 현존하는 76편 가운데 뒤섞여 들어간 부분도 있는 듯하다.

『관자』의 저술 시기와 연대, 저술자에 대해서는 의견이 분분하다. 최근의 연구 성과에 의하면,[12] 『관자』는 관중이 직접 저술한 것이 아니라, 관자의 이름에 의탁하여 다른 사람들이 지은 것으로 본다. 특히 한 사람이 특정한 시기에 쓴 것이 아니라, 여러 사람이 오랜 시간에 걸쳐 쓰고, 현존하는 형태의 『관자』로 종합한 것으로 보인다. 관중이 직접 저술한 것이 아니라고 보는 주요 근거는, 『관자』의 내용 가운데, 관중이 죽은 이후의 역사적 사실이 종종 언급되기 때문이다. 또한 『관자』에는 관중과 환공

---

12) 『管子』의 저작 시기와 진위 문제 등에 대해서는 김충렬 및 박석준 · 최승훈의 앞의 논문 참고.

桓公의 대화가 많이 나온다. 여기에서 '환공' 은 공자公子 소백小白이 죽은 이후 붙여진 시호이다. 관중은 소백보다 먼저 죽었다. 때문에 '환공' 이라는 시호를 알 수 없다. 그럼에도 불구하고 『관자』에는 관중이 소백을 환공이라고 부르고 있다. 이는 『관자』가 관중의 직접 저술이라기보다는 그 후대에 지어진 것을 의미한다.

물론 『관자』는 관중의 사상과 언행, 다양한 정치적 전략 전술을 기술하고 있다. 그러나 앞에서 언급한 것처럼, 관중 자신의 직접 저술이 아닌 것만은 분명하다. 그렇다면 누가, 왜 『관자』라는 방대한 분량의 저술을 기획했을까? 그 가능성은 다음과 같이 몇 가지로 유추할 수 있다.

첫째, 관중의 제자나 빈객賓客, 자손이 관중의 정치적 행보나 관련 사실에 대해, 보고 들은 내용을 기술했다. 둘째, 전국시대의 유세가나 학자들이 전해들은 내용을 기술했다. 셋째, 전국시대나 진나라 때 어떤 학자가 관중의 행위와 사상을 바탕으로 자기의 뜻을 가탁하여 펼치려고 했다. 넷째, 전국시대 직하학파의 학자들이 중심이 되어 관중의 사상을 빌어 당시의 학술을 종합하여 기록했다.

이런 가능성 중 어떤 것도 확인된 내용은 없다. 다만 『관자』에 담긴 내용을 통해 추측할 뿐이다. 이는 『관자』라는 저술이 그만큼 논란이 될 수 있다는 뜻이다. 특히 위작僞作으로 의심 받기에 충분하다. 『관자』에서 「판법版法」이나 「대광大匡」 등은 춘추시대의 저술이지만, 대부분의 내용은 전국시대에 이루어진 것이다.

관자가 직접 저술한 것으로 알려지고 있는 「목민牧民」, 「형세形勢」, 「권수權修」, 「입정立政」, 「승마乘馬」, 「칠법七法」, 「판법版法」, 「유관幼官」, 「유관도幼官圖」, 「오보五輔」 등도 대부분 전국 시기에 저술한 내용으로 평가된다. 왜냐하면 이들 편에 담겨 있는 내용 중 비중이 큰 '부국富國'이나 '무본식말務本飾末' 사상은 모두 전국시대에 적극적으로 제기되는 주장들이기 때문이다. 또한 『관자』의 정치사상은 제나라 정권과 밀착되어 있는데, 이는 전국시대 제나라 직하학궁稷下學宮 학자들의 의견이 상당수 포함된 것으로 보인다. 그러나 몇몇 편은 진한시대에 저술한 것으로 보인다. 이처럼 『관자』는 여러 시기의 저작이 혼합되어 있다.

뿐만 아니라, 『관자』는 오자, 탈자, 연자衍字, 괴자怪字, 고자古字, 탈구脫句, 연구衍句가 많기로 유명하다. 주석이 본문에 끼어들거나 본문이 주해註解 사이에 잘못 들어간 경우도 있고, 이편과 저편의 구절이 뒤섞인 경우도 있어, 읽기가 매우 어려운 책 가운데 하나로 꼽힌다. 내용에서도 정치, 경제, 법률, 군사, 철학, 교육, 자연과학 등 광범위한 주제를 다루고 있어, 마치 백과전서적인 사상의 다양성을 경험하게 한다. 그것은 도가道家, 법가法家, 유가儒家, 병가兵家, 음양가陰陽家, 농가農家, 의가醫家 등 춘추전국시대 다양한 학파의 사상과 주장이 혼융되어 있다는 의미이다. 따라서 『관자』는 춘추전국 시기, 중국 고대 사상사 연구에 매우 중요한 문헌이다.

Ⅲ. 『관자』에 드러난 현실주의적 성격

『관자』는 『한서漢書』「예문지藝文志」에는 도가道家에 들어 있다. 반면 『수서隋書』「경적지經籍志」에는 법가法家에 포함되어 있다. 후대 사람들은 이를 근거로 관자를 법가의 뿌리 혹은 도가의 한 부류로 분류하였다. 내용으로 볼 때, 『관자』가 법가나 명가, 종횡가나 음양가의 근원이라는 것을 부인하기 어렵다. 그러나 그것은 직하학파에 의해 사상적으로 재편성 단계에서 이루어진 것으로 추정된다. 주지하다시피 관중이 활동하던 당시에는 제자백가와 같은 학파가 따로 없었다.

관중 자신도 특정한 학파나 학술 사상에 의지하기보다는 당시 시대 문제를 해결하기 위하여 역사적으로 전수된 지혜를 종합하고 현실 문제를 푸는 데 응용하려고 했다. 즉 관중은 현실 문제에 대해 실리적으로 대처하고 정치적 분열을 적극적으로 막아 부강한 나라와 백성의 평안을 소망한 사상가였다. 그것은 『관자』의 첫 장에도 드러나듯이 목민牧民을 핵심으로 한다.[13] 관중은 이처럼 백성의 현실적 삶을 고민한 현실주의 사상가이자 실천가로 자리매김 된다.

1. 법치와 도덕의 현실적 결합

상商나라와 주周나라의 교체기에 문왕文王은 도덕주의를 앞세우고 강태공姜太公 여상呂尙의 현실적 경세주의를 내세웠다. 이 둘의 융합은 성공적 개혁을 이끌어 냈다. 그러자 도덕을 높이고 권모술수權謀術數를 억제하는 주공周公의 정치적 · 문화적 조치와 정책이 뒤따랐다. 이후 문왕의 덕치주의는 노나라에 심어졌고, 강태공의 현실주의는 제나라에 이식되어 노학魯學과 제학齊學을 낳았다.

이러한 시대 상황에서 관중은 중원 문화의 벽지僻地였던 제나라를 경영해 나가야 했다. 관중은 자기가 살던 지역의 지정학적인 여건을 반영한 존현상공尊賢上功의 정책을 쓰면서 동시에 '존왕양이尊王攘夷'를 내걸고 천하의 질서 안녕을 위해 노력하였다. 즉 상에서 주에로의 교체기에 잉태된 제노학齊魯學의 회통을 구상하였던 것이다. 여기에서 그의 융합融合 · 통섭적統攝的 사고가

---

13) 남상호는 관중의 사상을 中正和調의 목민철학으로 규정하고, 民生을 중시한 철학자로 구명하였다. 그 방법으로는 기초 방법으로 中正和調로 이해하고, 경제적 방법으로 足食, 정치적 방법으로 正名, 법적 방법으로 公平無私, 외교 군사적 방법으로 事大字小, 윤리 도덕적 방법으로 精德立中, 종교적 방법으로 奉天命의 여섯 가지로 정리하였다. 그것은 공자의 정명, 중용의 덕, 법가의 공평무사, 병가의 사대자소, 유가와 묵가의 봉천명 사상이 『관자』에 혼합되어 있다고 본 것이다. 남상호, 「중정화조中正和調」를 기초로 한 관자의 목민철학의 방법, 한국동서철학회, 『동서철학연구』 제47호(2008) 참고.

잘 드러난다.

설혹, 관중을 유가儒家나 법가法家의 양면兩面을 겸비한 사상가로 본다고 하더라도, 전국 시대의 법가나 관념적 이상주의에 빠진 유가로 보아서는 안 된다. 관중은 자신의 정치적 포부나 입지, 실천 철학을 밝힐 때, 언제나 현실적으로 힘을 발휘하며 모범이 되었던 정치지도자를 거론한다. 수시로 '선왕을 본받으라(法先王)!' 고 주장하며, 친친상은親親上恩의 정책을 강조한다. 그것은 「대광」이나 「중광」, 「소광」 등에 나오는 환공과의 대화에서 구체적으로 드러난다.

제후국의 군주는 다른 나라의 토지를 탐내서는 안 된다. 토지를 탐내려면 반드시 군사에 힘써야 하는데, 군사에만 힘을 쓰다 보면 반드시 백성들이 궁핍해지며, 백성들이 궁핍해지면 백성들을 자주 속여야만 한다. 속이는 일을 그쳐야만 용병을 늦게 한다 해도 승리할 수가 있지, 속인다면 백성들의 믿음을 잃게 된다. 백성들이 불신으로 가득 차게 되면 난동이 일어나고, 안으로 난동이 일어나게 되면 군주 자신에게 위험이 닥치게 된다. 그러므로 옛날에 선왕의 도를 들은 사람은 군비 경쟁을 하지 않았다.[14]

사방의 경내를 사랑한 다음에 바깥의 착하지 못한 무리를 미워할 수 있고, 경대부의 집안을 편안히 한 다음에 적국을 위협할 수 있고,

14) 「大匡」: 諸侯之君, 不貪於土. 貪於土必勤於兵, 勤於兵必病於民, 民病則多詐. 夫詐密而後動者勝, 詐則不信於民. 夫不信於民則亂, 內動則危於身.

소국에 은혜를 내린 다음에 무도한 대국을 벌할 수 있고, 어질고 훌륭한 신하를 등용한 다음에 법을 어기는 비천한 백성을 퇴출할 수 있다. 이런 까닭에 선왕은 반드시 먼저 세우고 그 다음에 폐지하였으며, 반드시 먼저 이롭게 하고 그 다음에 해로움을 두었다.[15)]

옛날에 우리 선왕이신 주나라 소왕 · 목왕께서 대대로 문왕 · 무왕의 위대한 전통을 본받으시어 명예를 얻었다. 여러 나라들의 정황을 모으고 백성으로서 도가 있는 사람을 비교 고찰하여 모범이 되는 전형을 만들어서 백성의 기강으로 삼았다. 어진 사람의 미덕을 본받아 서로 이어받고, 어진 사람의 덕행을 기록하여 이어서 스스로 힘쓰게 하여 어린 시절부터 노년 시절까지 이르게 하였다. 상을 하사하는 것으로 권장하고, 형벌로 규찰하고, 노인의 거처를 깨끗이 하여 존경을 표하고, 노인을 편안하게 해주어 경노존현敬老尊賢을 백성이 늘 지켜야 할 규범으로 삼았다.[16)]

관중은 옛 선왕들의 교훈을 많이 원용한다. 그것은 전통 사상에 대한 존중을 반영한다. 그러기에 당시 주변 강대국의 틈바구

是以古之人聞先王之道者, 不競於兵.

15)「中匡」: 愛四封之內, 而後可以惡竟外之不善者; 安卿大夫之家, 而後可以危救敵之國; 賜小國地, 而後可以誅大國之不道者; 擧賢良, 而後可以廢慢法鄙賤之民. 是故先王必有置也, 而後必有廢也; 必有利也, 而後必有害也.

16)「小匡」: 昔吾先王周昭王´穆王, 世法文武之遠迹, 以成其名. 合群國, 比校民之有道者, 設像以爲民紀. 式券以相應, 比綴以書, 原本窮末. 勸之以慶賞, 糾之以刑罰, 糞除其顚旄, 賜予以鎭撫之, 以爲民終始.

니에서 현실정치를 실천하면서 부국강병책을 쓰지만, 절대 전국시대의 법가나 병가처럼 무지막지한 국가지상주의로 나가지는 않았다. 그것은 도덕적道德的 교화敎化를 통한 법法의 필요성을 인정하고 덕德과 법法이 병행되어야 함을 주장한 것이다.[17] 어떤 측면에서는 유가의 입장에서 백성을 중시하는 덕치德治의 모습을 보인다. 이런 차원에서 그는 현실적 법치에 도덕주의를 적절하게 이입하는 사상가로 판단된다.

현실적으로 관중의 최대 관심은 '부국강병富國强兵' 한마디에 집결된다. 국가부강의 기초는 백성이다. 관중이 살던 시기는 토지가 부족하여 농경에 힘쓰지 못하는 시대는 아니었다. 때문에 농경지 자체에 대한 쟁탈 문제는 논쟁점이 되지 않았다. 노동력만 있으면 얼마든지 개간할 여지가 있었다. 따라서 통치자들의 관심은 농경지를 개간하고 농사를 지을 수 있는 노동력, 다수의 백성을 얻는 일이었다.

관중의 사상에서도 가장 중요한 문제로 대두되는 것이 백성이다. 관중은 존민尊民, 순민順民, 외민畏民, 용민用民을 그의 핵심 주장으로 삼는다. 백성은 국가 조직을 구성하는 분자인 동시에 국가 경제를 구축하는 직접 생산자이다.[18] 그러므로 국가는 백성을 존중하고 따르며 두려워하여 인심을 얻어야 하고 신뢰를

17) 심우섭, 「관자 정치철학사상의 현대적 조명」, 동양철학연구회, 『동양철학연구』 제21집(1999), 244쪽.

보여야 한다. 동시에 백성을 효율적으로 부리고 통제해야 한다. 그러므로 관중은 특별히 '용민用民' 이라는 말을 썼다. 다산 정약용에게도 영향을 미쳤다[19]고 판단되는 『관자』의 첫 편인 「목민」은 백성을 대하는 자세가 잘 드러나 있다.

정치가 흥하는 것은 민심을 따르는 데에 있고, 정치가 피폐해지는 것은 민심을 거슬리는 데에 있다. 백성들은 근심과 노고를 싫어하므로 임금은 그들을 편안하고 즐겁게 해주어야 한다. 백성들은 가난하고 천한 것을 싫어하므로 임금은 그들을 부유하고 귀하게 해주어야 한다. 백성들은 위험에 빠지는 것을 싫어하므로 임금은 그들을 보호하고 편안하게 해주어야 한다. 백성들은 후사가 끊기어 단절되는 것을 싫어하므로 임금은 그들이 잘 살아갈 수 있게 길러주어야 한다.[20]

국가의 부강은 백성의 힘에서 나온다. 따라서 국가를 부강하

---

18) 김충렬, 앞의 논문, 281쪽.

19) 심경호는 『관자』의 정치 경제 사상을 본격적으로 참고한 실학자는 정약용과 박지원으로 보고 있다. 정약용은 『맹자요의』, 『논어고금주』, 『경세유표』 등 경학 연구에서 『관자』의 문구를 적극적 방증으로 사용하였고 인증하였다. 박지원도 『과농소초』에서 『관자』를 적극적으로 인용하였다. 심경호, 「조선 후기 지성사와 제자백가 – 특히 『관자』와 『노자』의 독법과 관련하여」, 한국실학학회, 『한국실학연구』 제13권(2007), 383~385쪽 참고.

20) 「牧民」: 政之所興, 在順民心; 政之所廢, 在逆民心. 民惡憂勞, 我佚樂之; 民惡貧賤, 我富貴之; 民惡危墜, 我存安之; 民惡滅絕, 我生育之. 能佚樂之, 則民爲之憂勞; 能富貴之, 則民爲之貧賤; 能存安之, 則民爲之危墜; 能生育之, 則民爲之滅絕.

게 만들기 위해서는 그 동력원인 백성을 존중하고 따르고 두려워해야 한다. 그리고 길러진 힘은 백성을 위해 효율적으로 쓰여야 한다.

이런 자세는 백성을 높이는 동시에 그들을 부리는 고도의 현실주의적 도덕성을 보여준다. 즉 정치적으로 그들을 피치자로 부리고 쓰지만, 한편으로는 도덕적으로 그들을 높이고 존중하는 오묘한 논리가 스며 있다. 다시 말하면 그것은 정치적 현실주의인 법치와 도덕의 결합이다. 군주로 대변되는 국가(정치지도자)와 백성 사이에 법치法治와 인치人治, 법法의 객관적客觀的 자율성自律性과 군주君主의 주관적主觀的 능동성能動性, 민民의 통치적統治的 목적성目的性 및 대상성對象性 등이 상호 모순대립 속에서 통일과 조화를 지향한다.[21] 관자의 사상은 그런 점에서 법가法家와 차이를 지니며, 도덕주의에 빠진 유가儒家와도 구별된다.

2. 부국과 부민의 현실주의 경제

『관자』에서 느낄 수 있는 현실주의 사상의 또 다른 주요 기초는 백성의 경제적 생산 문제이다. 관중은 어떻게 하여 보잘것없던 제나라를 부강하게 만들 수 있었을까? 그 이유는 단순하

21) 김지수, 「『管子』 法思想의 槪觀」, 한국법사학회, 『法史學硏究』 제11권(1990), 139쪽.

다. 제나라의 토지를 경제적 측면에서 정확하게 파악하여 그에 맞는 경제 정책을 폈기 때문이다. 관중은 「승마乘馬」에서 토지에 대한 인식을 다음과 같이 피력한다.

토지는 정치의 근본이다. 때문에 토지는 정치를 바르게 할 수 있다. 토지가 공평하거나 조화롭지 못하면 정치를 바르게 할 수 없으며, 정치가 바르지 못하면 생산 활동을 조절할 수 없다. 춘하추동은 음양의 전이이며, 계절의 길고 짧음은 음양의 상호작용이며 밤과 낮의 바뀜은 음양의 변화이다. 그렇다면 음양의 변화는 정상적인 것이다. 따라서 비록 정상적이지 않다고 하더라고 남는 부분을 덜어낼 수 없고 모자라는 부분은 더할 수 없다. 이것은 하늘의 원리로서 덜거나 더할 수 없다. 그렇다면 정치를 바르게 할 수 있는 것은 토지이므로 바르게 관리하지 않을 수 없다. 토지를 바르게 하는 것은 토지의 실제상황을 바르게 해야 하니 길어도 바르게 해야 하고 짧아도 바르게 해야 하며, 작아도 바르게 해야 하고 커도 바르게 해서 장단과 대소가 모두 바르게 되어야 한다. 토지가 바르지 못하면 관청이 다스려지지 않고, 관청이 다스려지지 않으면 생산하는 일이 잘 이루어지지 않으며 생산이 잘 이루어지지 않으면 재화가 많지 않게 된다.[22)]

---

22) 「乘馬」: 地者政之本也, 是故地可以正政也. 地不平均和調, 則政不可正也, 政不正則事不可理也. 春秋冬夏, 陰陽之推移也. 時之短長, 陰陽之利用也. 日夜之易, 陰陽之化也. 然則陰陽正矣. 雖不正, 有餘不可損, 不足不可益也.

토지는 생산물을 만들어내는 근원이다. 따라서 국가를 부강하게 만들기 위해서는 토지를 정확하게 파악하고 균형 있게 개발해야 한다. 한 나라의 토지 상황은 어떠한지, 거기에서 생산되는 특산물은 무엇인지, 다른 나라에 없는 것을 비싼 값에 팔 수는 없는지 등, 토지에 대한 정확한 이해가 현실 정치와 경제의 기초이다. 즉 최대한 땅의 이로움을 개발하고 땅에 알맞은 경작을 해야 한다. 그런 정책으로 관중은 백성의 소유와 국가의 소유를 분리하는 지혜를 발휘하였다.

땅의 이로움을 분별하면 백성들을 부유하게 할 수 있고, 치미侈靡에 통달한다면 선비들을 친근하게 할 수 있다. 군주는 좋은 일로 친하고, 강함으로써 결단을 내리고, 인으로써 사람을 잘 임명해야 한다. 군주가 오래도록 하면 정사가 평화롭게 되고, 백성이 병으로 요절하지 않으며, 육축六畜을 번성하게 기르며, 오곡을 번성하게 익힌 후에 백성들의 힘을 쓸 수 있다. 이웃나라의 임금이 모두 어질지 않은 후에 왕업을 이룰 수 있다.[23]

天也, 莫之能損益也. 然則可以正政者, 地也, 故不可不正也. 正地者, 其實必正, 長亦正, 短亦正, 小亦正, 大亦正, 長短大小盡正. 正不正則官不理, 官不理則事不治, 事不治則貨不多. 是故何以知貨之多也?

23) 「侈靡」: 可以王乎? 請問用之若何? 必辨于天地之道, 然後功名可以殖. 辯于地利, 而民可富; 通于侈靡, 而士可戚. 君親自好事, 强以立斷, 仁以好任人, 君壽以政平, 百姓不夭厲, 六畜遮育, 五穀遮熟, 然後民力可得用; 鄰國之君俱不賢, 然後得王.

지도자들은 고요히 양생養生하고 농부들은 농사일을 다한다. 이렇게 하면 천기天氣의 꽉 막힌 기운이 풀려서 초목이 왕성하게 자라게 되고, 오곡이 번성하여 견실하게 되며, 육축과 제사에 올리는 희생犧牲이 고루 갖추어져 백성들의 재물이 풍족하게 되니, 나라는 부유해지고 군신君臣이 서로 친하게 되며, 제후들이 화평하게 된다.[24)]

환공이 말하였다. "그렇다면 내가 어떻게 나라를 다스려야 하는가?" 관자가 대답하였다. "오직 산과 바다를 잘 관리해야 합니다." 환공이 물었다. "무엇을 일러 산과 바다를 잘 관리하는 것이라고 하는가?" 관자가 대답하였다. "해양 자원을 통하여 왕업을 이루는 나라는 염업세를 징수합니다."[25)]

관중은 곡식과 짐승을 기르는 일을 백성에게 돌려주었다. 즉 백성이 제각기 힘들여 경작하고 길러 자신이 소유할 수 있게 하였다. 그리고 산림이나 바다와 같은 것은 국가 소유로 해서 국가 자원으로 조성했다. 다시 말하면, 백성들은 나름대로 생업에 종사하여 먹고살 수 있게 하여 생존을 보장하였다. 아울러 국가

24) 「五行」: 君子之靜居, 而農夫修其功力極. 然則天爲粤宛, 草木養長, 五谷蕃實秀大, 六畜犧牲具, 民足財, 國富, 上下親, 諸侯和.

25) 「海王」: 桓公曰 : 然則吾何以爲國? 管子對曰 唯官山海爲可耳. 桓公曰 何謂官山海 ? 管子對曰 海王之國, 謹正鹽?.

는 산과 바다를 장악하고 거기에서 나오는 특산물인 소금과 철을 생산하여 다른 나라와 무역을 활발히 하면서 국가의 재정을 확보하였던 것이다.

그것은 민부民富와 국가재정國家財政 양쪽의 증가를 동시에 지향하고, 자원 개발과 생산증대를 통한 적극적 부국富國·부민富民을 추구하는 정책이었다. 재부의 증산이라는 양적 부국·부민과 복지 강화·생활수준의 향상 등 질적 부국·부민을 함께 도모하였다.[26] 이 지점에서 관중이 추구한 경제 정책의 탁월함을 간파할 수 있다. 그것은 백성들에게 돌려준 농업 못지않게 상업商業을 중시하고 적극 추진하였다는 점이다.

상품의 소통과 교류는 주로 상고商賈에 의해 이루어진다. 그러나 일반 상고 행위는 절대로 정부와 결탁하지 못하도록 했다. 그런 후에 국가는 자원 개발, 전매 사업, 무역 등을 통하여 국가재정을 국민의 세금에 의존하지 않고 스스로 충당했다. 나아가 관중은 주면 좋아하고 빼앗으면 싫어한다는 백성의 심리心理까지도 꿰뚫고 있었다.

인정은 이익을 보면 나아가고 해로움을 보면 피한다. 이로움이 있는 곳은 천 길이나 되는 산이라도 오르지 않음이 없고, 심

---

26) 박봉주, 「齊國 經濟와 『管子』의 經濟 政策論」, 동양사학회, 『동양사학연구』 제52집(1995), 23쪽.

연의 바닥이라도 들어가지 않음이 없다.[27] 백성은 주면 기뻐하고 빼앗으면 성낸다. 인정이란 그런 것이다.[28]

뿐만 아니라, 관중은 이것을 경제 정책, 특히 세정稅政에 우선적으로 반영했다. 경제에서의 목민은 백성에게 유리하고 편리하도록 하는 정치였다. 그 결과 제나라에는 사람들이 끊임없이 모여들었고, 사람이 많아지자 노동력이 증대되었으며, 그렇게 모인 노동력으로 토지를 개간하여 국토를 넓혀 갔다. 이러한 관중의 현실주의적 경제 정책은 유가적 도덕주의나 윤리 문제에서 볼 때, 이단시될 수 있으며, 신선함을 불러일으키기에 충분하다.

경제 문제는 『관자』의 여러 편에 걸쳐 다양하게 언급된다.[29] 그 핵심은 무본론務本論과 부국론富國論이다. 그 속에는 그의 제부관財富觀, 부세론賦稅論, 욕리론欲利論, 상품화폐론商品貨幣論, 무본식말론務本飭末論, 분민설分民說, 토지제도에 관한 구체적 언급이 담겨있다. 「입정立政」에서는 재부관財富觀에 대해 나라가 부유해지는 다섯 원칙을 제시하였고,[30] 「오보五輔」, 「치미侈靡」,

---

27) 「禁藏」: 夫凡人之情, 見利莫能勿就, 見害莫能勿避. 其商人通賈, 倍道兼行, 夜以續日, 千里而不遠者, 利在前也. 漁人之入海, 海深萬?, 就波逆流 乘危百里 宿夜不出者, 利在水也. 故利之所在, 雖千仞之山 無所不上, 深淵之下 無所不入焉.

28) 「國蓄」: 民予則喜, 奪則怒, 民情皆然.

29) 巫宝三, 『管子經濟思想研究』, 北京: 中國社會科學出版社, 1989, 7~69쪽 참고.

30) 「立政」: 君之所務者五 : 一日山澤不救於火, 草木不植成, 國之貧也. 二日溝瀆不遂於隘, 障水不安其藏, 國之貧也. 三日桑麻不植於野, 五穀不宜其地,

「치국治國」, 「금장禁藏」 등 여러 편에서 논의하고 있는 부민론富民論의 핵심은 다음과 같은 논리로 귀결한다.

나라를 다스리는 도는 반드시 먼저 백성을 부유하게 해야 한다. 백성이 부유하면 다스리기가 쉽지만 백성이 가난하면 다스리기가 어렵다.[31]

부세론賦稅論의 경우, 조租와 세稅의 합일, 빈부 문제 해결을 위해 위를 부유하게 하는 동시에 아래를 만족하게 한다는 원칙이 있다. 공貢·부賦·조租·세稅는 초기 봉건 사회의 사회적 분배와 재분배의 양식들이다. 『관자』에서는 「유관幼官」, 「소광小匡」, 「대광大匡」, 「국축國蓄」, 「패형霸形」, 「산국궤山國軌」 등에서 부세賦稅 혹은 조세租稅와 관련하여 자세하게 서술하고 있다. 예를 들면 지세地勢와 토지의 생산력에 따른 과세, 토지의 수분 함량에 따른 과세 등 다음과 같은 세금의 기준이 그것을 대변한다.

오곡이 나지 않는 황무지, 수목이 없는 황폐한 산은 (평지의) 가경지可耕地의 1/100, 말라붙은 소택沼澤과 초목 없는 황무지는 1/100, 벌

國之貧也. 四曰六畜不育於家, 瓜瓠葷菜百果不備具, 國之貧也. 五曰工事競於刻鏤, 女事繁於文章, 國之貧也.

31) 「治國」: 凡治國之道, 必先富民, 民富則易治也, 民貧則難治也.

채가 불가능한 잡목림雜木林은 1/100, 벌채가 가능한 수택藪澤은 1/9, 목재를 제공하고 개발 가능한 구릉, 산지는 각각 1/9, 1/10, 어업이 가능한 천택川澤과 목재를 제공하는 평지의 삼림은 경지의 1/5로 과세한다. 1인刃을 파야 물이 나오는 건조한 토지는 조세의 1/10, 2은 2/10, 3인은 3/10, 4은 4/10, 5인은 1/2을 경감, 5척尺만 파도 물이 나오는 습한 토지는 1/10, 4척은 2/10, 3척은 3/10, 2척은 4/10을 경감, 1척은 소택沼澤과 같이 취급한다.[32]

이외에도 욕리관欲利觀에서는 전통적인 유가儒家의 '선의후리先義後利' 개념이 아니라, 인간을 자신의 욕망을 끊임없이 추구해나가는 존재로 보고 있다. 「목민」편에서는 백성들의 네 가지 욕망으로 일락佚樂, 부민富貴, 존안存安, 생육生育과 네 가지 증오의 대상으로 우노憂勞, 빈천貧賤, 위추危墜, 멸절滅絶을 말하고 있는데, 정치와 교육의 핵심은 바로, 백성의 네 가지 욕망을 채워주고, 네 가지 증오를 없애는 작업이다.

---

32) 「乘馬」: 地之不可食者, 山之無木者, 百而當一. 涸澤, 百而當一. 地之無草木者, 百而當一. 樊棘雜處, 民不得入焉, 百而當一. 藪, 鎌纏得入焉, 十而當一. 蔓山, 其木可以爲材, 可以爲軸, 斤斧得入焉, 十而當一. 汎山, 其木可以爲棺, 可以爲車, 斤斧得入焉, 十而當一. 流水, 網罟得入焉, 五而當一. 林, 其木可以爲棺, 可以爲車, 斤斧得入焉, 五而當一. 澤, 網罟得入焉, 五而當一. 命之日地均以實數. 一仞見水輕征, 十分去一, 二則去二, 三則去三, 四則去四, 五則去半, 比之於山. 五尺見水, 十分去一, 四則去二, 三則去三, 二則去四, 尺而見水, 比之於澤..

또한 관중은 선진先秦 시대의 사상가 중 유일하게 화폐가 유통의 수단으로 작용한다고 주창하였다.[33] 「경중輕重」이나 「국축國蓄」에서 화폐는 상품의 유통 수단인데, '통시通施' 나 '통화通貨' 등의 개념을 동원하여 이를 설명한다. 또한 「산국궤山國軌」에서는 화폐 정책의 핵심으로 민간 화폐 유통량을 증감 방법을 설명하고 있다.

통계 수치에 따라서 화폐를 유통시켜 농토의 산출물을 먹고 남는 사람에게 지불합니다. 자연히 부자에게는 많이 지불하게 되고 평민에게는 적게 지불되게 됩니다. 산골짜기의 투박한 밭을 경작하는 농민과 중간 정도 되는 밭을 경작하는 농민에 대하여 한해를 마치도록 주민들이 먹는 데 부족한 식량은 얼마나 되는지를 잘 살펴 이들에게 부족한 만큼을 빌려주어 최저 수준이나마 만족한 생활을 누리도록 해야 합니다. 거듭 두 해에 걸쳐서 풍년이 들어 오곡이 잘 익었을 때 지역에서 가장 기름진 밭을 경작하는 농민에게 대하여 "우리가 당신들에게 빌려준 화폐가 얼마나 됩니까? 지금 시골 창고에 곡식은 얼마나 됩니까? 바라건대 지금 3/10을 감해주면 어떻습니까?" 라고 물었다. 그리고 나서, 곡식 가격은 올라가고 화폐가치는 하락하였으며, 기름진 농토도 조정에서 3/10을 공제해 주었고, 아주 메마른 밭을 경

33) 張友直, 『「管子」貨幣思想考釋』, 北京: 北京大學出版社, 2002, 211~212.

작하는 농민은 조정에서 내준 화폐 가치에 미치지 못하는 산출량으로 인하여 결손된 상태이기 때문에 전체적인 공제를 받게 되었다. 이로 인하여 양곡 가격은 열배나 뛰었다.[34)]

여기에서 물가조절정책을 통해 백성들이 살아갈 수 있는 현실적 경제 정책을 생생하게 볼 수 있다. 물가 정책의 이점은 풍년이 들 때에는 조정이 조금 높은 가격으로써 낮은 물자를 취하고, 흉년이 들 때에는 조정이 비축한 재물을 방출하여 올라간 물가를 낮추어서 물가를 안정시킨다. 만물이 남아돌고 모자라는 상황은 때에 따르는 것이므로 일정한 기준에 따라 변하지 않게 해야 한다. 기준을 잃어버리면 물가가 폭등하게 된다. 군주는 그렇게 되는 것을 알기 때문에 그런 기준으로써 물가를 안정시킨다. 국가의 재정 규모나 도읍지의 크기에 따라 그 규모에 맞게 곡식을 비축하고 자금을 준비해 둔다. 봄에는 농사를 짓기 위해 밭을 갈고, 여름에는 김을 매며, 보습과 쟁기, 농기구와 종자와 양식을 모두 나라에서 넉넉하게 공급받는다. 때문에 큰 상인들과 부유한 사람들이 백성들을 약탈하지 못한다. 이렇게 된

34) 「山國軌」: 田軌之有餘於其人食者, 謹置公幣焉. 大家衆, 小家寡. 山田, 閒田, 日終歲其食不足於其人若干. 則置公幣焉, 以滿其准. 重歲, 豐年, 五穀登, 謂高田之萌曰 : '吾所寄幣於子者若干? 鄉穀之櫎若干? 請爲子什減三.' 穀爲上, 幣爲下. 高田撫, 閒田山不被, 穀十倍. 山田以君寄幣振其不贍, 未淫失也. 高田以時撫於主上, 坐長加十倍也.

다면 군주는 무엇으로서 농사일을 삼가 부양할 수 있겠는가? 봄에 백성들이 부족한 것을 도와주는 비용은 잠업을 통해 거둬들이고, 여름철에 임대한 곡식은 가을걷이를 통하여 거둬들인다. 이렇게 하면 백성들은 그들의 농사를 폐하지 않으며, 나라는 그 이로움을 잃지 않게 된다.[35]

이와 같은 물가조절 정책은 철저하게 부국富國과 부민富民을 동시에 고려하고 있다. 그것은 풍흉豊凶과 계절의 변동에 따른 이재理財 방법 등 순자연順自然적 측면도 있지만,[36] 구체적이고 현실적인 경제 정책을 통해 국가 재정을 총괄하고 있다는 점에서 국가 부강 정책의 전형을 보여준다.

3. '정치-경제-군사' 일체형 현실주의

다시 강조하면, 『관자』의 사상은 '부국강병富國强兵', 네 글자로 농축할 수 있다. 이를 위해 관중은 천하를 제패하고, 농경과 군사, 정치를 일체화하여 주변국과의 세력 균형을 통한 평화를

---

35) 「國蓄」: 凡輕重之大利, 以重射輕, 以賤泄平. 萬物之滿虛隨時, 準平而不變, 衡絕則重見. 人君知其然, 故守之以準平. 使萬室之都必有萬鍾之藏, 藏繈千萬; 使千室之都必有千鍾之藏, 藏繈百萬. 春以奉耕, 夏以奉芸. 耒耜械器, 鍾饟糧食, 畢取贍於君, 故大賈蓄家不得豪奪吾民矣. 然則何君養其本謹也? 春賦以斂繒帛, 夏貸以收秋實, 是故民無廢事, 而國無失利也.

36) 박봉주, 앞의 논문, 45쪽.

유지하려고 했다. 한 국가의 힘은 위정자에 대한 백성의 신뢰와 단결, 그리고 부유한 경제력에서 나온다. 하지만 그 힘을 구체적으로 행사하는 것은 바로 '군대' 이다. 군대가 강하여 나라를 지킬 수 있어야 하고, 다른 나라까지 제압할 수 있어야 국가는 부국강병의 목적을 달성할 수 있다. 때문에 관중은 다음과 같이 말하였다.

백성들이 농사를 일삼으면 농토가 개간되고 농토가 개간되면 곡식이 많아지고 곡식이 많아지면 나라가 부유해진다. 나라가 부유하면 군대가 강해지며 군대가 강해지면 전쟁에서 승리하고 전쟁에서 승리하면 국토가 넓어지게 된다.[37]

땅이 넓고 나라가 부유하며, 인구가 많고 군대가 강한 것이 패왕霸王의 근본이다. 나라의 재정과 군사력이 빈약한 상태에서는 어떤 일도 쉽게 도모하기 어렵다. 군대는 많은 인력과 물자를 소모하는 조직이다. 그런데 그 소모를 충당해 주는 것은 바로 농사를 기반으로 하는 '경제' 이다.

이렇게 중요한 농업이지만, 군대를 조직하고 유지하여 전쟁

---

37) 「治國」: 民事農則田墾, 田墾則粟多, 粟多則國富; 國富者兵强, 兵强者戰勝, 戰勝者地廣.

을 치르려면 농업은 군사적인 일의 뒷전으로 물러나 생산이 위축되기 쉽다. 이러한 약점을 막기 위해 관중은 농민 조직을 군사 조직화하여 이른바 '농병일치책農兵一致策' 을 고려하였다. 즉 평화로운 시기에도 군사 조직을 강화할 수 있고 전투력을 향상하여 만일의 사태에 대비하면서도 농업생산력을 줄이지 않게 할 수 있다. 국가의 입장에서는 군비로 인한 경제적 부담도 덜게 된다. 이는 일상생활과 군대가 통일된 사회 조직의 양식이다.[38)]

관중의 부국강병은 구체적으로 적시하면, 정복주의적 야욕을 표면적으로 드러내지 않으면서 국제 외교에서 우위와 주도권을 갖기 위한 방책이었다. 주도권은 천하 질서의 유지를 위한 주요 수단이다. 특히 관중이 펼쳤던 군사 정책은 자기 방어와 외교적 뒷받침을 동시에 이행하는 것으로, 힘을 과시하여 최대한의 효과를 거두기 위한 계략이었다. 그러므로 결코 호전적이거나 모든 것을 힘으로 해결하려는 법가나 병가적 논리만을 내세우지 않는다.

---

38) 徐漢昌, 『管子思想研究』, 臺北: 學生書局, 1990, 290~291.

IV. 『관자』에 나타난 교육관

『관자』에서 교육에 대한 사상은 풍부하지만, 집중적으로 연구되거나 논의되지는 않았다. 「제자직弟子職」을 제외한 모든 편은 교육 자체만을 언급하지는 않는다.[39] 그러나 교육은 여러 편에 걸쳐 국가부강과 연관되어 수시로 언급된다. 요점은 교육을 통하여 국가를 부강하게 하고, 경제를 활성화하며, 백성의 삶을 질적으로 높이려는 의도를 지닌다.

앞에서 언급한 것처럼, 사람은 "창고가 차 있어야 예절을 알고, 먹을 것 · 입을 것이 풍족해야 영욕을 안다." 창고에 양식을 채우고 먹을 것과 입을 것을 마련하는 일은 인간의 생존을 위한 기본 조치이다. 기본적 생존이 확보되면 인간은 새로운 정신세계를 추구한다. 그것이 바로 동물과 다른 삶의 양식인 예절과 영욕으로 드러난다. 교육은 단적으로 말하면 창름倉廩과 의식衣食이라는 물질세계에서 예절禮節과 영욕榮辱이라는 정신세계로의 전환[40]을 꾀하는 데 적극적으로 기여하는 인간의 고유한 작

39) 「弟子職」은 한편 온전한 교육론, 특히 弟子의 職分과 연관된 學生論이지만, 『관자』의 다른 편과 유기적 연관이 상대적으로 미약하고, 儒家의 사유와 유사한 측면이 많은 동시에 너무나 널리 알려져 있으므로, 본고에서 별도로 다루지 않는다.

40) 徐漢昌, 앞의 책, 257쪽.

업이다. 이는 『논어』의 "부유해졌거든 가르쳐라!"[41]나 『중용』의 "도를 닦는 것이 가르침"[42]이라는 논리와 유사하다. 이런 측면에서 『관자』의 교육론은 상당 부분 유가儒家와 닮아 있다.

1. 교육의 의미와 중요성

인간의 생활양식, 삶의 분위기, 혹은 풍속風俗을 만드는 데는 다양한 활동과 요소가 개입한다. 그 중에서도 교육은 그런 측면을 추동하는 주요 요소이다. 사람은 교육하지 않으면 상대적으로 간사해지기 쉽다. 간사함에 빠지면 보편적 질서와 풍속을 해치고 상호간에 화목하지 못하게 된다. 이러한 인간의 특성은 정치를 필연적으로 요청하였고, 교육을 실천하게 만드는 계기가 된다. 『관자』에서는 다양한 방식으로 교육적 조치를 강구한다.

백성을 다스리는 자는 남자들에게는 사악하고 치우친 행동이 없게 해야 하고, 여자들에게는 음란한 일이 없게 해야 한다. 남자들에게 사악하고 치우친 행동이 없게 하는 것은 교육이고, 여자들에게 음란한 일이 없게 하는 것은 훈도이다. 교육과 훈도로 풍속이 형성되면

41) 『論語』「子路」: 曰旣富矣, 又何加焉. 曰敎之.
42) 『中庸』 首章: 修道之謂敎.

형벌이 줄어드는 것은 당연한 이치이다.[43] 나라의 풍속 교화가 무너지게 되면 백성들 간의 화목이 깨지게 되며, 상실감속에서 불안하게 살게 된다.[44]

교육은 행위의 교정과 도덕 질서의 회복을 주요한 목적으로 삼는다. 그것은 인간의 건전한 질서를 꿈꾸는 기본적 조치이다. 이런 관점을 바탕으로 『관자』에서는 교육(혹은 교화)에 관한 포괄적 정의를 다음과 같이 제시한다.

교육은 조금씩 나아가고 순리대로 일을 처리하고, 어루만져주고, 기다려주고, 적응하도록 도와주고, 습관이 되도록 해주는 것이다.[45]

교육은 표연히 먼 가을 구름과 같아서 인심의 슬픔을 움직이고, 애연히 고요한 여름 구름 같아서 사람의 몸에 미치고, 그윽하고 고요한 밝은 달 같아서 사람의 뜻을 움직여서 원망하게 하고, 탕탕히 흐르는 물 같아서 사람을 생각하게 하니, 사람에게 돌아갈 마음이 생기게 하는 것이다. 교육하기 시작할 때, 반드시 스스로 준비하게 하는데, 비

43)「權修」: 凡牧民者, 使士無邪行, 女無淫事. 士無邪行. 敎也. 女無淫事, 訓也. 敎訓成俗而刑罰省, 數也.

44)「七法」: 姦民傷俗敎, 賊盜傷國衆.

45)「七法」: 漸也, 順也, 靡也, 久也, 服也, 習也, 謂之化.

유하면 가을 구름이 보이기 시작한 것 같으니, 현명한 사람이 어리석은 사람을 교화한다.[46]

교육은 백성의 생활양식을 조성하는 주요한 기술이다. 이때 기술은 단순히 공학적 기술을 의미하는 것이 아니라 삶을 다루는 물리적 여건과 정신적 환경 모두를 일컫는다. 그 기술은 정치와 결부되어 삶의 전 영역에서 종합적으로 제시된다. 그러기에 『관자』는 다음과 같은 비유를 통해 교육의 중요성을 강조하였다.

일 년의 계획은 곡식을 심는 것보다 더 중요한 것이 없으며, 십 년의 계획은 나무를 심는 것보다 더 중요한 것이 없으며, 일생의 계획은 사람을 교육하는 것보다 더 중요한 것이 없다.[47]

---

46) 「侈靡」: 若夫教者, 標然若秋雲之遠, 動人心之悲; 藹然若夏之靜雲, 乃及人之體; 窩然若皜月之靜, 動人意以怨; 蕩蕩若流水, 使人思之, 人所生往. 教之始也, 身必備之, 辟之若秋云之始見, 賢者不肖者化焉.

47) 「權修」: 一年之計, 莫如樹穀. 十年之計, 莫如樹木. 終身之計, 莫如樹人.

2. 예의를 근본으로 하는 도덕교육

『관자』에서 보여주는 교육의 특색은 도덕道德과 의리義理의 강조이다. 정도의 차이는 있지만, 춘추시대 각국의 군주들은 국가를 다스리기 위한 주요 수단으로 도덕과 의리를 중요시하였다. 제나라 환공도 관중의 의견을 받아들여 나라를 다스리는 데 효제경로孝悌敬老를 가장 기본적인 도덕으로 요구했다.[48] 몸소 효제孝悌를 실천하고 모든 백성들의 모범이 되는 모습을 교육적으로 보여줌으로써 세상을 올바르게 이끌려고 노력하였다.

환공은 오나라를 물리치고 돌아와, 관중에게 물었다. "이제는 무엇을 해야 하는가?" 관중이 말하였다. "이제는 정령을 시행할 수 있습니다. 정령을 따라 시행하기를 2년만 하면, 제후국의 적자適子는 효에 관해서 들을 필요도 없으며, 형제를 사랑하는 문제에 대해서도 들을 필요도 없으며, 국가의 훌륭한 신하를 공경하는 문제에 대해서도 다른 소리는 더 들을 필요가 없게 되니, 이 세 가지 중에 만약 한 가지라도 갖추지 못하면 징벌을 내릴 수 있게 해야 합니다. 제후의 신하가 국사를 맡아서 3년 동안 잘한다는 소리를 못 들으면 징벌할 수

48) 관중이 받은 諡號가 '敬'이다. 그래서 後人들은 관중을 管敬仲이라고도 부른다. 그것이 관중의 孝悌敬老를 강조하는 사상과 연관이 있는 것은 아닌지 추측해볼 만하다.

있게 해야 합니다. 군주에게 과실이 있는데 대부가 간하지 않고, 일반 선비와 서민이 잘한 일이 있는데 대부가 군주에게 천거하지 않았다면 징벌할 수 있게 해야 합니다. 일반 선비나 서민의 정황을 관리가 듣고서 어질고 효성스럽고 우애 있는 이에게 상을 내릴 수 있게 해야 합니다."[49]

관중의 의견은 다음과 같다. 정상적인 생활에서 효제경로는 잘 실천될 수 있다. 그런데 그것을 실천할 수 있음에도 불구하고, 실행하지 않는 자에게는 엄벌을 내려야 한다. 이런 점에서 볼 때, 효제경로를 실천하려는 관중의 도덕교육적 의지는 매우 강하다. 모든 백성에게 하나의 의무처럼 부과했다. 관중은 이 정도로 효제경로의 삶이 백성들에게 깊게 뿌리박히기를 염원했다.

나아가 관중은 이런 삶의 도덕 윤리 교육에 예의禮義교육을 더한다. 예의는 군신君臣, 부자父子, 상하上下, 귀천貴賤, 빈부貧富, 장유長幼 등 모든 인간관계의 올바름에 대한 성찰이다.

---

49) 「大匡」: 桓公歸, 問管仲曰 將何行? 管仲曰 可以加政矣. 曰從今以往二年, 適子不聞孝, 不聞愛其弟, 不聞敬老國良, 三者無一焉, 可誅也; 諸侯之臣及國事, 三年不聞善, 可罰也, 君有過, 大夫不諫, 士庶人有善, 而大夫不進, 可罰也; 士庶人聞之吏, 賢孝悌可賞也.

효도 · 공경 · 자애 · 은혜로써 친척을 봉양하고, 공손 · 경건 · 성실 · 신의로써 군주를 섬기고, 중립 · 정직 · 친애 · 화순으로써 예절을 행하고, 엄숙 · 장엄 · 억제 · 겸손으로써 형륙을 피하고, 세밀한 절약으로 용도를 아껴서 기근을 대비하고, 돈후 · 충성 · 순박 · 전일로써 화란禍亂을 대비하고, 협조 · 화목으로써 도적을 대비하니, 무릇 이 일곱 가지는 의의 실체이다. 위 · 아래에 예의가 있고, 귀함 · 천함에 분수가 있고, 어른 · 아이에 차등이 있고, 가난 · 부유함에 법도가 있다. 무릇 이 여덟 가지는 예의 상법常法이다.[50)]

의義는 백성들이 살아가는 삶의 기본 방식이다. 친척과 군주, 기근과 화란, 형륙, 도적 등 삶의 전반에 걸쳐 일어날 수 있는 문제에 대한 예방 차원의 교육이다. 의를 알아야만이 중립하고 정직하며 조화를 이룰 수 있다. 조화로워야 편안하게 살 수 있고, 거동이 위엄스러울 수 있으며, 그것을 바탕으로 어떤 어려움도 극복할 수 있다.

예禮도 마찬가지이다. 위아래 예가 없으면 어지러워진다. 귀하고 천함에 분수가 없으면 다툰다. 어른과 아이의 사이에 차이가 없으면 배반한다. 가난하고 부유함에 법도가 없으면 절제를

---

50) 「五輔」: 曰 : 孝悌慈惠, 以養親戚; 恭敬忠信, 以事君上; 中正比宜, 以行禮節; 整齊撙詘, 以辟刑僇; 纖嗇省用, 以備饑饉; 敦懞純固, 以備禍亂; 和協輯睦, 以備寇戎. 凡此七者, 義之體也. 上下有義, 貴賤有分, 長幼有等, 貧富有度. 凡此八者, 禮之經也.

그르친다.

이처럼 예와 의를 통한 도덕 교육은 인간의 분수와 본분을 확인하는 작업으로 인간 사이의 관계망을 확보하는 기초 교육에 해당한다. 관중은 『관자』 전체를 통해 이러한 교육을 정치와 결부하여 제시하고 있다.

3. 분업을 통한 직업교육

관중의 교육적 사고에서 특기할 사항은 사민四民, 즉 사士 · 농農 · 공工 · 상商이라는 네 계급의 직업군에 관한 교육이다. 관중은 이들을 나라의 초석이 되는 백성이라고 하였다. 그것은 그들이 국가부강의 기본 바탕임을 강조한 것이다.

> 사 · 농 · 공 · 상의 네 부류의 백성은 나라의 기둥이 되는 백성이니 이들을 섞어서 살게 해서는 안 된다. 섞어 살게 하면 그 말이 어지럽게 되고 그 일이 어지럽게 된다. 그러므로 성왕께서는 선비는 한가하고 조용한 곳에 거처하게 하였고, 농민들은 밭과 들판에 거처하게 하였고, 장인들은 반드시 관청에서 거처하게 하였고, 상인들은 반드시 시장에 거처하게 하였다.[51]

---

51) 「小匡」: 士農工商四民者, 國之石民也, 不可使雜處, 雜處則其言哤, 其事亂. 是故聖王之處士必於閒燕, 處農必就田野, 處工必就官府, 處商必就市井.

사·농·공·상의 네 백성들은 제각기 맡은 사업이 있다. 그들은 서로 일을 나누어 처리하고 국가는 그들의 사업을 기반으로 부국강병을 실현한다. 관중의 탁월함이 여기에서 발견된다.

사실 춘추시대 이후로, 정전제井田制가 무너지면서 농업이 위축되기 시작했다. 천재지변天災地變이나 전쟁으로 인해 농업은 더욱 피폐해 갔고, 농사지은 것마저 수확하기도 힘들게 되었다. 그것은 백성들을 농업에서 벗어나 다른 직업으로 전환하는 계기가 된다. 즉 열심히 학문을 하여 벼슬길에 나아가거나 공업이나 상업을 통해 이익을 도모하는 직업을 찾아 나서게 만들었다. 특히 농사를 짓는 집은 빈곤한 데 비해 사공상은 농사보다 나은 생활을 할 수 있었으므로 빠른 속도로 농업인구가 감소하였다. 그래도 당시의 주력 산업은 농사였다. 그런데 농사에 힘쓰는 사람이 줄어들면 국력은 감소되기 마련이었다. 때문에 법가는 농업을 중시하며 공상工商을 배척하기도 하였다.[52)]

관중은 이런 상황에서 농업을 근본으로 하면서도 공상을 장려하는 혜안을 드러냈다. 위의 인용구에서 볼 때, 관중은 백성을 나누어 거처하게 하고, 그들에게 최고의 교육 환경을 제시하여 국가의 부강을 꾀했다. 그들의 상황에 맞게 편안하게 해주고, 직업과 관련된 전반적인 내용을 익힐 수 있게 배려하였다.

---

52) 徐漢昌, 앞의 책, 271쪽.

그 결과, 사민四民은 제 각각의 직업의 세계에서 국가의 부강에 기여할 수 있었다.[53]

선비들은 의리와 효도, 공경과 자애를 말하게 될 것이다. 그리고 아침저녁으로 이 일에 종사하여 그 자제를 가르치면 어려서부터 익혀서 그 마음에 편안하게 여기니, 다른 것을 보고도 그것으로 옮겨가지 않게 된다.

---

53) 「小匡」: 今夫士, 群萃而州處, 閒燕則父與父言義, 子與子言孝, 其事君者言敬, 長者言愛, 幼者言弟. 旦昔從事於此, 以教其子弟, 少而習焉, 其心安焉, 不見異物而遷焉, 是故其父兄之教不肅而成, 其子弟之學不勞而能. 夫是故士之子常爲士. 今夫農, 群萃而州處, 審其四時, 權節具備其械器用, 比耒耜穀芨, 及寒, 擊槀除田, 以待時乃耕, 深耕均種疾櫌. 先雨芸耨, 以待時雨. 時雨旣至, 挾其槍刈耨鎛, 以旦暮從事於田野, 稅衣就功, 別苗莠, 列疏遬. 首戴苧蒲, 身服襏襫, 沾體塗足, 暴其髮膚, 盡其四支之力, 以疾從事於田野. 少而習焉, 其心安焉, 不見異物而遷焉. 是故其父兄之教不肅而成, 其子弟之學不勞而能. 是故農之子常爲農. 樸野而不慝, 其秀才之能爲士者, 則足賴也. 故以耕則多粟, 以仕則多賢, 是以聖王敬畏戚農. 令夫工, 群萃而州處, 相良材, 審其四時, 辨其功苦, 權節其用, 論比計, 制斷器, 尙完利. 相語以事, 相示以功, 相陳以巧, 相高以知. 旦昔從事於此, 以教其子弟. 少而習焉, 其心安焉, 不見異物而遷焉. 是故其父兄之教不肅而成, 其子弟之學不勞而能. 夫是故工之子常爲工. 令夫商, 群萃而州處, 觀凶飢, 審國變, 察其四時, 而監其鄕之貨, 以知其市之賈. 負任擔荷, 服牛輅馬, 以周四方, 料多少, 計貴賤, 以其所有, 易其所無, 買賤鬻貴. 是以羽旄不求而至, 竹箭有餘於國, 奇怪時來, 珍異物聚. 旦昔從事於此, 以教其子弟. 相語以利, 相示以時, 相陳以賈. 少而習焉, 其心安焉, 不見異物而遷焉, 是故其父兄之教不肅而成, 其子弟之學不勞而能. 夫是故商之子常爲商.

농민들도 마찬가지이다. 사시四時를 살피고 그때에 맞는 쓰임을 헤아려 그 기구를 갖추어 쟁기, 보습 등을 가지런히 하였다. 겨울에는 말라 시들어진 잡초를 제거하고 밭을 정리하여, 봄이 오는 때를 기다려서 경작하는데 깊이 경작하고 고르게 파종하고 흙을 덮는다. 비가 내리기 전에 김매기를 하여 철에 맞는 비를 기다린다. 철에 맞는 비가 내리고 나면 그 몽둥이 · 낫 · 괭이 · 호미를 옆에 끼고서 아침저녁으로 농토에서 종사하는데, 옷을 벗고 일을 하기도 하고, 싹과 잡초를 구별하고 성근 것과 치밀한 것을 배열한다. 그리고는 힘을 다하여 빠르게 밭에서 일을 한다. 젊어서부터 익혀서 그 마음에 편안하게 여기니, 다른 것을 보고 그것으로 옮겨가지 않는다.

공인工人들은 뛰어난 재주를 관찰하고 그 사시사철에 생산되는 재료를 살피어서 그 기술이 좋고 나쁨을 변별하며, 그때의 수요에 맞추어 기물의 용도를 안배할 것이다. 그리고 서로 토론하고 비교하고 계산하여 기물을 정확히 재단하고 완전한 기술을 지향한다. 서로 일로써 말하고, 제작한 작품을 서로 보여주고, 서로 기술을 설명하고, 서로 지식을 높인다. 아침저녁으로 여기에 종사하여 그 자제들을 가르칠 것이고, 어려서부터 익혀서 그 마음에 편안하게 여기니, 다른 것을 보고도 그것으로 옮겨가지 않는다.

상인은 흉년을 관찰하고 나라의 변화를 살피며 그 사시사철에 사용되는 것을 미리 자료로 만들고, 그 지역의 재물을 살펴서 그 시장의 가격을 알게 한다. 짊어지고 안고 매고 들고, 소달구지에 싣고 마차에 싣고 사방을 두루 돌아다니며, 자기가 가지고 있는 것으로 없는 것을 바꾸고, 싼 것을 사고 비싼 것을 판다. 그러므로 우모(羽旄: 꿩 깃과 소꼬리로 장식한 깃대)를 구하지 않아도 이르게 되며, 대나무 화살은 나라에 넉넉하며, 기괴한 물건이 때에 맞춰 오며, 진귀하고 기이한 물건이 모이게 된다. 아침저녁으로 여기에 종사해서 그 자제들을 가르치면서, 서로 이익에 대해 말하며, 서로 때에 맞는 기회를 보여주며, 서로 가격 정보를 알려준다. 어려서부터 익혀서 그 마음에 편안하게 여기니, 다른 것을 보고도 그것으로 옮겨가지 않는다.

이러한 관중의 직업 교육은 오로지 한 직업에 종사하게 하여 전업제도專業制度를 확립하였고, 당시 직업의 전환으로 인한 어려움을 해소하는 데 도움을 주었다. 그것은 다른 측면에서 보면 가업家業의 전승을 통한 가정교육인 동시에 사민四民의 직업 분화를 통한 분과 교육의 한 양식으로도 볼 수 있다.

V. 결어

지금까지 살펴본 것처럼, 『관자』에 드러난 사고는 실제적實際的이고 현실적現實的이다. 관중은 대부분의 정책 제시를 통해 자기 시대의 문제 해결을 철학의 과제로 삼았다. 그는 당시 제나라의 현실 문제를 해결할 수 있는 유용한 것이라면 어떠한 이론과 논리도 폭넓게 수용하려는 다양성과 개방성을 지니고 있었다.

본고에서는 정치와 경제 정책을 중심으로 한 『관자』의 현실주의 사상을 개략적으로 살펴보고, 그에 수반하는 교육관을 검토하였다.

『관자』의 현실주의 사상은 정치 · 경제적으로 볼 때, 복합적複合的이고 통섭적統攝的이며 유기적有機的이다. 왜냐하면 정치에서 법치와 도덕이 함께 녹아 있기도 하고, 경제적으로 국부國富와 민부民富의 화해和諧와 조화調和를 시도하면서, 사농공상士農工商의 무본務本을 설정한다. 여기에서 교육은 그것을 달성하기 위한 주요한 보조 장치로 등장하지만, 법가적法家的이지도 않고 유가적儒家的이지도 않다. 그러면서도 때로는 유가적 교육 양식과 거의 유사한 측면을 보이기도 한다.

관중은 정치의 측면에서 법을 내세우고는 있으나 도덕 교화의 필연성을 인식하고 그것을 강조한다. 진정한 부국강병을 위해 존숭자로서의 백성과 피치자로서의 백성을 오묘하게 조절하는 방식을 제시한다. 그것은 현실적으로 법치와 도덕의 결합이다. 경제적 측면에서는 경제의 원칙을 국가를 본위로 하지만 반드시 부민富民을 동시에 거론한다. 이는 백성 개인의 생업과 국가 재정의 균형을 도모하는 상생相生의 경제학이다. 또한 농업을 근본으로 하지만, 공업과 상업의 발달을 통해 부를 축적하고, 국가부강을 도모하는 실물 경제의 활성화를 꾀하였다. 정치와 경제적 노력은 국가의 존망과 연관된 군대의 양성과 유지로 이어진다. 그것은 백성들의 피해를 최소화하고 경제적 부담을 줄이는 방향에서 농민 조직을 군사 조직과 일치하게 구성하는 작업이었다.

여기에서 교육은 궁극적으로 정치-경제-군사의 통일체를 더욱 견고하게 만드는 작업과 통한다. 즉 교육은 교화와 학습을 통해 국가 부강과 경제의 활성화, 백성의 삶 향상에 적극적으로 기여한다.

『관자』에서 교육은 크게 예의禮義를 근본으로 하는 도덕교육道德教育의 측면과 사민四民의 분업을 통한 직업교육職業教育의 측면으로 분류해 볼 수 있다. 도덕과 의리를 강조하는 예의禮義 교육은 가정과 사회, 국가 등 공동체의 질서를 규정하고 지속력을 갖게 하는 예방적 차원의 교화이다. 직접적 생존과 관련되는 네 계급의 교육은 개인의 생명을 유지하고 계급의 존속과 관련되는 개인의 생존권 보장 차원의 학습이다.

요컨대 『관자』의 현실주의 사고는 당시 혼란의 와중에서 최고의 국가를 건설하려는 의지의 반영으로 볼 수 있다. 부국강병을 위해 '정치-경제-군사' 적 통일체를 염원하는 가운데, 교육은 적극적으로 그것에 개입하여 그 지반을 튼튼하게 다지는 역할을 했다고 판단된다.

참고문헌

『관자』 관련 번역 및 연구자료

姜　濤. 『管子新注』. 濟南: 齊魯書社, 2006.

高連欣. 『管子傳』. 河北: 花山文藝出版社, 1995.

郭沫若. 『管子集校』(全3册). 北京: 人民出版社, 1984.

金谷治. 『管子の硏究-中國古代思想史の一側面』. 東京: 岩波書店, 1987.

김예호. 「稷下 黃老學派의 政治哲學 硏究-직하 황로도가와 황로법가의 도법론을 비교 분석하여」. 『시대와 철학』 제16권 3호, 시대와 철학, 2005.

김지수. 「管子의 法思想 槪觀」. 한국법사학회. 『法史學硏究』 제11권, 1990.

김충렬. 「管仲의 政經思想과 철학사적 位相」, 『대동문화연구』 제25권, . 성균관대학교 대동문화연구원, 1990.

김필수 · 고대혁 · 장승구 · 신창호 공역. 『관자』. 서울: 소나무, 2006.

남상호. 「중정화조(中正和調)를 기초로 한 관자의 목민철학의 방법」, 『동서철학연구』 제47호, 한국동서철학회, 2008.

黎翔鳳 撰. 『管子校注』(全3册). 北京: 中華書局, 2004.

巫宝三. 『管子經濟思想硏究』. 北京: 中國社會科學出版社, 1989.

박봉주. 「齊國 經濟와 管子의 經濟政策論」, 『東洋史學硏究』 제52집,

동양사학회, 1995.
박석준 · 최승훈. 「管子 四篇 등에 나타난 精氣說 考察」, 『동의병리학회지』 제8권, 대한동의병리학회, 1993.
徐漢昌. 『管子思想硏究』. 臺北: 學生書局, 1990.
盛廣知 譯註. 『管子譯註』. 長春: 吉林文史出版社, 1998.
松本一男 譯. 『管子』. 東京: 德間書店, 2000.
심경호. 「조선 후기 지성사와 제자백가-특히 『관자』와 『노자』의 독법과 관련하여」. 『한국실학연구』 제13권, 한국실학학회, 2007.
심우섭. 「管子 政治哲學思想의 現代的 照明」, 『東洋哲學硏究』 제21권, 동양철학연구회, 1999.
安井衡. 『管子纂詁』. 東京: 富山房, 1985.
楊家駱(編). 『管子』. 臺北: 世界書局, 1990.
王瑞英. 『管子新論』. 臺北: 大立出版社, 1983.
月洞 讓. 東洋思想硏究會 編譯. 『管子』. 서울: 知文社, 1990.
越宗正 · 王德敏 編. 『管子硏究』. 濟南: 山東人民出版社, 1987.
李勉 註釋. 『管子今註今釋』(上 · 下). 臺灣: 商務印書館, 1984.
任繼亮. 『管子』 經濟思想硏究』. 北京: 中國社會科學出版社, 2005.
張固也. 『管子硏究』. 濟南: 齊魯書社, 2006.
張友直. 『『管子』貨幣思想考釋』. 北京: 北京大學出版社, 2002.
趙 靖. 『中國古代經濟思想史』. 北京: 人民出版社, 1986.
朱伯崑. 『管子的國家管理學說』. Singapore Univ.: IEAP, 1989.
周俊敏. 『『管子』經濟倫理思想硏究』. 長沙: 岳麓書社, 2003.

陳鼓應.『管子四篇詮釋』. 北京: 商務印書館, 2006.
湯孝純 注譯. 李振興 校閱.『新譯管子讀本』. 臺北: 三民書局, 2000
胡家聰 著.『管子新探』. 北京: 中國社會科學出版社, 2003.

W. A. Rickett. GUANZI Ⅰ. Princeton: Princeton Univ. Press, 1985.
W. A. Rickett. GUANZI Ⅱ. Princeton: Princeton Univ. Press, 1998.

기타 자료

『春秋左傳』
『春秋公羊傳』
『春秋繁露』
『呂氏春秋』
『老子道德經』
『論語集註』
『孟子集註』
김충렬.『중국철학사』. 서울: 예문서원, 1994.
司馬遷. 정범진 외 옮김.『史記』. 서울: 까치, 1995.
張晋藩 主編.『中國法制史』. 한기종 외 옮김. 서울: 소나무, 2006.

찾아보기

治國之道
必先富民

治國之道
必先富民

治國之道
必先富民

隻 从又持隹

父癸爵

저자 신창호(申昌鎬)

고려대학교 문학사(교육학 · 철학)
한국학중앙연구원 문학석사(철학)
고려대학교 교육학박사(Ph.D. 한국교육철학)
현) 고려대 교수

[주요저서]

진시황 평전(공역) (미다스북스, 2001)
공자평전(역)(미다스북스, 2002)
한국사상과 교육윤리(공저) (서현사, 2002)
노자평전(공역)(미다스북스, 2003)
공부, 그 삶의 여정(서현사, 2004)
수기, 유학교육철학의 핵심(원미사, 2004)
교육학개설(서현사, 2005)
동양고전의 이해(서현사, 2007) 외 다수

이메일 sudang@korea.ac.kr

사람: 하나를 심어 백을 얻어야
교육과 배려의 시선으로 읽는 『관자』

2009년 9월 10일 1판 1쇄 인쇄
2009년 9월 15일 1판 1쇄 발행

지은이 | 신창호
펴낸이 | 조재성
표지 · 본문 디자인 | 최윤석

펴낸곳 | 서현사
(410-817) 경기도 고양시 일산동구 백석2동 1331-1 레이크하임 206호
전화 031-919-6643 팩스 031-912-6643

등록 | 2002년 8월 14일 제03-01392호
ISBN 978-89-90357-87-8 93080
정가 14,000원

治國之道
必先富民

治國之道
必先富民

治國之道
必先富民

隻 从又持隹

父癸爵

治國之道
必先富民

治國之道
必先富民

治國之道
必先富民

師隻卣

父癸爵

隻

从又持隹